PAZ TORRABADELLA

Tómate la vida con sentido del humor

Círculo de Lectores

A mis amados padres, sin cuya insustituible ayuda
me hubiera sido imposible hacer este libro,
ni, por supuesto, nada de todo lo otro.

ÍNDICE

SEGUNDA PARTE

La práctica del buen humor

INTRODUCCIÓN

Vivimos en un mundo lleno de conflictos y deficiencias. Nacemos llorando y casi toda nuestra existencia la pasamos saltando obstáculos. Por esto resulta tan útil que detectemos el lado bueno de las cosas; para tomárnoslas sintiéndonos lo mejor posible. El arte de lograrlo puede y debe desarrollarse en nuestro interior.

Esta obra que tienes en tus manos pretende ayudarte a ello: poniendo tu inteligencia al servicio de tu buen humor y demostrándote cómo desarrollarás un estado de ánimo mejorado para tomarte las cosas del modo más beneficioso y útil. Así, capearás graciosamente los temporales que desafían tu felicidad a todos los niveles.

En la primera parte, el libro te introduce en la filosofía práctica del buen humor, y en la segunda, te proporciona inspiraciones útiles para aplicar comicidad o hilaridad a todo: desde los más pequeños detalles cotidianos, hasta los grandes gestos de tu vida.

Nadie duda de que «con humor la vida es mejor», y en concreto el presente libro te demuestra que eres tú mismo quien decide si se toma la vida con humor, y con cuánto.

PRIMERA PARTE

Soluciona los conflictos con humor

CAPÍTULO 1

El buen humor

> Los hombres suelen confundir los límites de su propia visión con los límites del mundo.
>
> ARTHUR SCHOPENHAUER

Decimos que tienen sentido del humor las personas que cuentan chistes, bromean o reconocen el factor disparatado y absurdo en situaciones que, para la mayoría, son serias. Sin embargo, quien posee tal ingenio humorístico no disfruta necesariamente de buen humor, como demuestra el hecho de que alguien puede, por ejemplo, ser un cómico excelente y, en cambio, sentirse decepcionado en su vida privada.

Nuestro objetivo, antes que hacer reír a los demás, es sin duda el mantenimiento de un talante adecuado. Este buen humor en el que nos centraremos abarca más que una serie de ocurrencias ingeniosas: es un estado de ánimo que impregna todos nuestros pensamientos, una interpretación de la vida que nos permite mantener un estado de ánimo positivo.

El humor es equilibrio

El término «humor» procede del latín *humor*. En la antigua Grecia se empleó para referirse a los «humores» o fluidos que circulan por el cuerpo humano y nos mantienen vivos. Según los antiguos tratados de medicina, la salud o *eucrasia* procede del equilibrio entre esos fluidos. Así, el concepto de buen humor está ligado al de equilibrio.

Nuestro estado de ánimo puede ser muy variable y fluctuar entre los extremos inferior y superior. Ambos polos son indeseables, ya que el inferior o bajo implica sentimientos dolorosos tales como la irritabilidad o la tristeza, mientras que el extremo superior o alto nos sumiría en un excesivo optimismo, carente de autocrítica y de contacto con la realidad.

El buen humor nos mantiene dentro de la zona de ánimo moderadamente positivo. Es en esa franja de equilibrio centrada entre ambos extremos donde nos encontramos más predispuestos a establecer una relación adecuada con la realidad, algo también conocido como «sentido común».

El buen humor es sentido común

Si disfrutamos de buen humor poseemos un «filtro relativizador» que nos permite vivir de acuerdo con la realidad, con cómo son las cosas. Observemos por ejemplo este dato: la mayoría queremos llegar a viejos, pero nadie quiere serlo. Ante esta situación, el buen humor nos aporta algo más bien escaso: un pensamiento realista que nos hace ver las cosas tal y como son y no siempre como queremos que sean.

El humor es un sistema de pensamiento que nos permite superar los más decepcionantes aspectos de la realidad. Partiendo de nuestro ejemplo, el humor genera la obvia consideración de que nadie llega a viejo siendo todavía joven.

Por tanto, el buen humor nos ayuda a lidiar con la unas veces positiva y otras negativa realidad. Sin embargo, aunque entrásemos en pugna con ella no solucionaríamos nada pues, por mucho que sufriéramos, no conseguiríamos cambiarla. Es decir, nuestro buen humor, como un arte marcial, no modifica la realidad, sino que nos permite invertir las circunstancias, relativizarlas, contextualizarlas y dar con soluciones originales. Por eso, cuando las personas disponemos de buen humor trivializamos las deficiencias de la realidad, hacemos un chiste de ellas. Una vez logramos reírnos de nuestras propias situaciones y por tanto de nosotros mismos, lo tenemos casi todo ganado.

El buen humor está provocado por:

- La apertura a la experiencia: el sentimiento de estar a gusto con uno mismo (conciencia).
- Un pensamiento adecuado y consciente: el diálogo interno objetivo y relativamente positivo (control).

El buen humor genera como resultado:

- El hecho de darse cuenta de cómo se piensa y se siente (conciencia).
- La toma de decisión consciente sobre hechos y actitudes en las relaciones, que se convierten en más adultas, gratificantes y felices (control).

¿De qué depende nuestro buen humor?

La capacidad de utilizar el sentido del humor no es algo que se otorgue por azar, sino que puede cultivarse desde los primeros años de vida. Es un estilo de pensamiento.

Si, por ejemplo, en una familia se reacciona ante los problemas analizando con realismo una situación y actuando de la forma más lógica posible, los niños que pertenecen a ésta crecen convencidos de que pueden influir en los hechos que les toque vivir, siempre que atiendan a la realidad y piensen con sensatez. Este entrenamiento hará que relativicen los contratiempos, con lo cual su equilibrio anímico estará «abonado».

Por el contrario, en familias en las que se reacciona ante los problemas con angustia, se buscan culpables y esa situación genera enfado. En ellas, los pequeños son instruidos en la idea de que poco pueden hacer para cambiar las cosas, o incluso en la creencia de que ellos mismos o bien los demás son culpables de lo mal que se presente la realidad. Esta filosofía conlleva sufrimiento y genera una especie de fatalismo, una aceptación de que las situaciones tienen a veces desenlaces inevitables y, en general, trágicos.

Afortunadamente, somos libres en nuestro pensamiento. Como adultos, nos formamos nuestras propias opiniones de cuanto nos rodea y, con sentido común, podemos cuestionarnos lo que hacían quienes nos criaron. Por tanto, si nos lo proponemos, podemos desarrollar el sentido del humor.

El humor marca la diferencia

Un famoso superventas de la autoayuda popularizó la máxima: «Yo estoy bien, tú estás bien». Ésta es una consecuencia de lo que Eric Berne denominó «posición existencial adulta», que consiste en el pensamiento: «Yo estoy más o menos bien. Tú/vosotros/los otros también». Si bien ambas afirmaciones suenan casi igual, significan cosas absolutamente distintas.

La primera afirmación es ingenua y se presta a todo tipo de conclusiones irracionales. Huelga decir que mucha gente está equivocada, dolida o frustrada en muchos aspectos... Es decir, muy lejos de la afirmación «bien».

Pongamos un ejemplo: llegas a una sala atestada y, justo en el momento de entrar, los presentes estallan en una estrepitosa carcajada. Tu corazón se acelera, y una serie de respuestas físicas delatan tu reacción emotiva. Esto es debido a que las emociones se expresan a través de reacciones físicas momentáneas.

Los sentimientos incluyen las emociones, pero les añaden duración. ¿Cómo? Asociándolas a un pensamiento, imponiéndoles un «significado psicológico».

La fórmula que construye el sentimiento es la siguiente:

Emociones	+	Pensamiento	=	Sentimiento emocional
(Activación física)	+	(Etiqueta cognitiva)	=	Estado de ánimo o humor

Así pues, justo al entrar en una sala repleta de gente, los presentes han estallado a reír y nuestro cuerpo ha reaccionado mediante ciertas respuestas físicas. En ese preciso momento, se nos pueden ocurrir distintas cosas. Veamos unos ejemplos:

- «He vuelto a hacer el ridículo. La culpa de que se rían es un fallo mío.» En este caso, te sentirás humillado y avergonzado. Lo que indica que piensas: «Ellos están bien. Si alguien está mal, soy yo».
- «Se ríen sin motivo porque son maleducados, tontos o egoístas.» En este caso te sentirás enfadado o desdeñoso, lo cual demuestra que partes de la siguiente postura: «Yo estoy bien. Si alguien está mal, son los demás».

Resulta evidente que tanto quien sistemáticamente se culpa como quien acusa padece un estado de ánimo negativo.

- «Yo estoy siempre bien y los demás están siempre bien.» Alguien que prejuzgara de este modo reaccionaría también de forma desajustada e ingenua, pues deduciría cosas como: «Se ríen porque se alegran de verme y soy un tipo imponente». Algo tan iluso le reportaría, tarde o temprano, amargas decepciones.
- La postura equilibrada da lugar a ideas del tipo: «Se están riendo de algo, a ver si descubro qué es y nos reímos juntos». Esta posición realista parte de la apertura a la realidad: «Yo estoy más o menos bien y confío en que los otros, de momento, también lo estén».

¿Y cuál es nuestra reacción habitual? Ser conscientes de nuestras reacciones habituales o tendencias naturales nos advierte acerca de lo absurdo de nuestros pensamientos y reacciones. Así, podemos ver el lado cómico de nuestras propias interpretaciones, permitiéndonos un mejor y más provechoso ajuste a los hechos.

El humor es avenirse con la realidad

Son muchos los pensadores que, desde los más remotos tiempos hasta la actualidad, han procurado un sistema cognitivo que interprete las cosas de la forma más realista posible. Sócrates, el lúcido filósofo griego, evidenció su respeto por la sensatez en su *Apología* cuando decía: «Parezco un poco más sabio que los demás porque lo que no sé, reconozco no saberlo». Lo común es lo contrario, empeñarse en que las cosas sean como no son; tal como el ex Beatle John Lennon afirmaba: «La vida es lo que pasa mientras estamos haciendo otros planes».

He aquí como Timothy Miller, en su libro *Cómo amar lo que tienes*, alertaba sobre cómo el hecho de querer mejorar la realidad nos lleva, en muchos casos, a perdernos lo mejor de ésta:

Vea lo que vea, véalo completamente sin reservas. Toque lo que toque, tóquelo completamente sin reservas. Haga lo que haga, hágalo completamente sin reservas. Diga lo que diga, dígalo completamente sin reservas. Preste atención: cuando bañe a su perro, pruebe a imaginar que es el único ejemplar de una especie en extinción; cuando vea la televisión, imagine que acaba de llegar de un planeta donde no existe nada parecido; cuando coma copos de maíz, imagine que acaba de salir de una mazmorra donde ha pasado veinte años sin ingerir más que bazofia y agua turbia... Estas fantasías le permitirán realizar tareas rutinarias como si no lo fueran.

En efecto, si nos tomáramos así las cosas, veríamos que muchas situaciones cotidianas en apariencia monótonas o frustrantes encierran en realidad los momentos más plenos y gozosos. Claudio Naranjo se ocupó del tema en su libro *Teoría y técnica de la psicoterapia gestáltica*, aportando una interesante idea, una verdadera receta para contrarrestar las actitudes negativas:

- Vive ahora. Ocúpate del presente antes que del pasado o del futuro.
- Vive aquí. Ocúpate de lo que está presente antes de lo que está ausente.
- Deja de imaginar cosas. Experimenta lo real.
- Deja de pensar cosas innecesarias y, en lugar de ello, mira y disfruta.
- Expresa en vez de manipular, explicar, justificar o juzgar.
- Entrégate a la desazón y al dolor de la misma manera que te entregas al placer. No limites tu conciencia.
- No aceptes otros debes ni deberías que los que tú te impongas. No adores a ningún ídolo.
- Asume plena responsabilidad por tus acciones, sentimientos y pensamientos, acepta ser como eres.

Si reparamos en ello, descubrimos que, pase lo que pase, todo está más o menos bien. Las cosas son como tenían que ser, aunque la razón aún se nos escape. Si somos desgraciados es porque ignoramos que, de hecho, ya somos dichosos. Es así de simple y, si lo reconocemos, nos sentiremos felices en el acto. Pero ¿cómo podemos percatarnos de ello? Manos y pensamiento a la obra, ejercitemos nuestro desaprovechado sentido común.

Ejercicios de reflexión

1. Enumera cinco situaciones en las que acostumbras a sentirte de muy buen humor.
2. Enumera cinco situaciones en las que acostumbras a sentirte de mal humor.
3. Cita cinco ideas distintas, por disparatadas que sean, que podrían hacerte sentir de mejor humor en cada una de las situaciones citadas en el punto 2 (puedes usar las ideas del punto 1).
4. Cita cinco ideas distintas, por absurdas que sean, que podrían hacerte sentir todavía de peor humor en cada una de las situaciones citadas en el punto 2.
5. ¿Crees que alguna de las respuestas a los puntos 3 o 4 podría tener resultados paradójicos? ¿Por qué?
6. Cita cinco razones para sentir satisfacción en tu vida (no importa si parecen disparatadas o tontas).

Poner por escrito tus reflexiones con la guía de este breve cuestionario te ayudará a ver lo positivo de tu carácter y a conocer qué es lo que te causa satisfacción y qué lo que te causa lo contrario. Pero, sobre todo, es importante que, una vez que tengas claras tus ideas, las lleves a la práctica en los siguientes ejercicios de acción.

Ejercicios de acción

1. Piensa en una actividad que realices a diario (desde lavarte los dientes, hasta tomar el autobús, pasando por recoger la cocina). Apunta cinco motivos de satisfacción que puedes obtener mientras llevas a cabo estas acciones, por insignificantes que sean.
2. Enuncia para cada uno de los motivos del punto 1 algo que puedes hacer para disfrutarlos.
3. Cuando vayas a realizar la acción cotidiana de la pregunta 1, imagínate, por espacio de unos minutos, inmerso en ella y disfrutando al máximo de cada uno de los motivos anteriores. Imagina también que te envuelve una preciosa nube de color rosa mientras la realizas. Haz volar la nube hacia el espacio y lleva a cabo este ejercicio en la realidad. ¿Qué diferencias has percibido?
4. Cuando estés realizando una acción en compañía de otra persona de tu entorno más cercano, pregúntate: ¿Qué tiene de divertido esta situación? Si no tiene nada de divertido, pregúntate: ¿Qué podría hacerla divertida? Repite la pregunta durante varios días y apunta cinco ocurrencias cómicas –no importa lo locas que puedan parecerte–; por último, cuando estés llevando a cabo dicha acción, aplica alguna de tus ideas para hacerla más divertida.

Aunque no lo creas, la práctica de estos sencillos ejercicios pueden cambiar sorprendentemente tu punto de vista y, sobre todo, mejorar en gran medida tu humor.

Test. ¿Cómo reacciono ante los problemas?

Contesta cada una de las siguientes preguntas pensando en ti como protagonista; a continuación, repite el cuestionario tres veces más pensando en qué contestarían las tres personas con quienes más tratas. Sólo existen dos opciones de respuesta:

a. «La culpa es mía.»
b. «La culpa es de los demás.»

1. **Problema.** La ventana del despacho quedó abierta durante una tormenta. Al regresar, todos los documentos importantes se han convertido en una masa de pasta de papel emborronada de tinta.

Si le hubiera pasado a:

	La culpa es de otro	La culpa es suya	Las desgracias ocurren
Mi padre Mi madre Mi amigo Mi enemigo Mí mismo			

2. **Problema.** La salsa mayonesa recién comprada estaba en mal estado y, tras almorzar opíparamente, los comensales enfermaron de salmonelosis; la indisposición remitió en unas 48 horas.

Si le hubiera pasado a:

	La culpa es de otro	La culpa es suya	Las desgracias ocurren
Mi padre Mi madre Mi amigo Mi enemigo Mí mismo			

3. **Problema.** El enorme cuadro colgado encima del sofá que se encuentra frente al televisor se desplomó sobre los sufridos televidentes.

Si le hubiera pasado a:

	La culpa es de otro	La culpa es suya	Las desgracias ocurren
Mi padre Mi madre Mi amigo Mi enemigo Mí mismo			

4. **Problema.** Alargamos demasiado la sobremesa y nos perdimos el comienzo de la película.

Si le hubiera pasado a:

	La culpa es de otro	La culpa es suya	Las desgracias ocurren
Mi padre Mi madre Mi amigo Mi enemigo Mí mismo			

CAPÍTULO 2

Descubrir nuestro propio sentido del humor

¿Qué somos los vivos sino muertos de permiso?

José Ortega y Gasset

Los seres humanos somos la única especie que, aunque sabemos que debemos morir algún día, actuamos como si jamás fuera a ocurrir. Damos por sentado que es algo que sólo les sucede a los demás. Este absurdo que nos caracteriza será probablemente lo que nos destruya como especie y nos plantea la cuestión de si somos realmente tan humanos como pretendemos ser, o bien simples y prepotentes como payasos de circo.

Cuando alguien es excepcionalmente sensato y consciente de que todos moriremos, se da cuenta de que la consecución de cuanto queremos es tan importante como su disfrute. Esa reflexión le hace más sereno, auténtico, desapegado, pacífico y tolerante; en suma, le aporta un estado de ánimo mantenido sustancialmente mejor.

Afortunadamente, en mi primera infancia reí mucho, aunque recuerdo que los típicos números de los payasos me entristecían: el espectáculo me parecía demasiado real. Los actores representaban a dos individuos cuyo objetivo imaginé que estaba muy lejos de hacer reír, pero que ofrecían un aspecto «exageradamente curioso». Además, se tomaban a sí mismos muy en serio y, para colmo, al final, las cosas les salían justo al revés de como deseaban. Y en eso radicaba –para mis acompañantes– la gracia. A mí, por el contrario, me parecía todo tan exagerada y típicamente humano que, en lugar de risa, aquellos personajes me suscitaban compasión.

Y es que todos somos distintos. Hay quienes sonríen de forma espontánea con sólo contemplar un árbol en una mañana de sol, mientras que otros prefieren el sarcasmo. Es decir, aquello que nos hace reír refleja nuestra forma de pensar.

Un estudio realizado en un grupo de 14.500 personas a quienes se les contaron treinta chistes desveló que los aspectos que generan la risa varían de un individuo a otro y, por tanto, que los detonantes de nuestras carcajadas son dispares.

Sin embargo, algunas personas dejan de lado o incluso desprecian su propio sentido del humor porque les resultan risibles cosas o acontecimientos que no hacen gracia a quienes les rodean. Pero todos tenemos de qué reírnos y, aunque no sea algo muy popular, merece la pena que indaguemos para dar con ello.

De hecho, aquello que nos hace gracia caracteriza nuestra personalidad irrepetible. Y si determinamos qué es lo que más fácilmente provoca nuestra risa (ya sea charlar con alguien en concreto, leer las tiras cómicas de cierto autor o ver una película de los hermanos Marx, por ejemplo) favoreceremos nuestro buen humor. Una vez se conozca a fondo esta peculiaridad del propio carácter, resultará más fácil disfrutar de una buena dosis diaria de risa, y la risa, como es evidente en tantos casos, es sinónimo de bienestar.

El verdadero humor se basa en reconocer nuestras preferencias y lograr reírnos de nuestras actuaciones.

Cómo reírse de uno mismo

Las personas se caracterizan todas las mañanas para hacer de ellas mismas o «payasear» en el escenario de su vida cotidiana. Es todo un espectáculo cómico, en el cual la mayoría de los actores ignoran su propia gracia. Sólo aquellas personas que se toman su papel a broma pueden controlar en cierta medida la situación, ya que esto les permite divertirse con su vida y, si lo desean, cambiarla. Cuando reconocemos el papel que estamos representando, tomamos por fin el control de la situación.

Existen básicamente tres posturas frente a la realidad, cada una de ellas con sus limitaciones. Si nos situamos como espectadores, encontramos que cada una de dichas posturas resulta cómicamente definida; de hecho, quedan plasmadas en los tres payasos de circo clásicos:

- **El «payaso tonto».** Ejemplifica la postura de la persona a quien sólo le importan sus deseos; es decir, muestra una actitud infantil. Vive según sus emociones, así que actúa de forma impulsiva y al margen de la razón. Es ingenuo como un niño, todo corazón. Comete grandes disparates porque prescinde de la lógica.
  - Se ríe motivado por un sentimiento sencillo, o por la mera satisfacción de sus ilusiones.
  - Su voz y su expresión son poco maduras o sumisas. Emplea frases del tipo: «¿Serías tan amable de ayudarme?», deja las cosas al azar («¡Vamos a probar!») o se

rebela («¡Me tienes harto!»). Paradójicamente, es quien se sale con la suya.

- **El «payaso listo».** Representa la actitud de la persona a quien lo que más le importa es lo que piensa, lo que considera correcto. Actúa de forma prefijada, pues considera que sus ideas son irrebatibles y está convencido de tener la razón. Como resultado, sus cuadriculadas argumentaciones suelen ser equivocadas.
  - Se ríe porque algo le parece ridículo o inapropiado.
  - Su voz y su expresión son condescendientes o críticas. Emplea frases del tipo: «¿No les da vergüenza ir con esas pintas?», o: «¿Cómo puedes ser tan patoso?». Se trata de un payaso que no se considera gracioso, sino serio e inteligente. Al final, y precisamente por eso, la broma suele ser a su costa.
- **El «payaso presentador».** Es el cómico que da paso y modera a los anteriores: le importan los hechos reales, los datos, las medidas y sus pensamientos, los cuales considera acciones que puede decidir y de las que es responsable. Pregunta y escucha. Como resultado, soluciona las situaciones con eficacia.
  - Cuando ríe es porque ha comprendido algo y se reconoce inteligente.
  - Su voz y su expresión son centradas, regulares e imparciales. Acepta su papel de cómico: una parte más del espectáculo, que tiene el objetivo de resultar ameno y, en la medida de lo posible, gracioso.

Evidentemente, este último tipo es el que parece más cabal y menos hilarante. Pero interviene muy poco. Sólo al principio y, a veces, al final. Asimismo, la actitud sensata y objetiva acostumbra a ser la que menos protagonismo tiene en nuestra mente, cuando tiene alguno.

Reconocer nuestra actitud

El reconocimiento de las voces internas propias nos permite sentirnos a gusto con nosotros mismos. Supone observar las actitudes propias como si lo hiciéramos a través de la mirada de otro, lo cual no se aprende en un día.

Las voces o formas de pensar que habitan en la propia mente equivalen a filosofías de vida que permanecen en latencia, pero que pueden hacerse conscientes. Suelen ser pensamientos adquiridos durante la primera infancia y, por tanto, generalmente muy limitados o absurdos, así como menos inteligentes que los que podrían tenerse en la edad adulta.

VOZ	SE DA CUENTA	PIENSA	ACTÚA
Niño («payaso tonto»)	Del disparate «¿Y si es...?»	Creativamente y se arriesga	De manera divertida y libre
Padre («payaso listo»)	De lo absurdo «Debería ser...»	Acerca de lo obvio	Basándose en conocimientos tácitos
Adulto («payaso presentador»)	De lo real «¿Por qué es...?»	De forma objetiva, analiza y relativiza	De forma adulta y eficaz

Atender estos pensamientos o voces es en principio una tarea desbordante y, a la vez, un reto de apertura ante uno mismo, de mejora genuina.

Mejorar y hacerse más honesto equivale a mostrarse receptivo hacia lo que se piensa y tener muy en cuenta que el primer pensamiento no siempre es el que se corresponde con los verdaderos sentimientos, sino una producción –a veces repetitiva– de la propia mente: como si nuestro cerebro llevara unas emisoras de radio que repiten noticias que hemos oído aquí y allá pero que pertenecen a personas con las que ya no sintonizamos o con las que nunca hemos sintonizado.

Aprender a ser conscientes de que son emisoras, cuestionar sus afirmaciones y si es conveniente, desintonizarlas, se convierte así en tarea prioritaria.

Ejercicios de reflexión

1. Reconoce tu registro de «payaso listo» completando rápidamente y sin pensar (es imprescindible que no analices, por exagerado que te parezca) las siguientes frases; después, repite el ejercicio como crees que lo haría tu padre y, por último, como crees que lo haría tu madre:

 Una persona hecha y derecha siempre...
 Se distingue a quienes saben conducirse en la vida porque...
 Es digno de orgullo quien logra...
 Una buena educación se distingue en...
 Todo el mundo debería...
 En las escuelas debería enseñarse...
 Debería obligarse a...
 Debería prohibirse...
 La gente más despreciable es...
 Es incomprensible que aún...
 No debe consentirse que...
 Debería dar vergüenza...
 Por desgracia se está perdiendo...
 Son estúpidos todos los...
 Sería recomendable que todo el mundo...
 Se desmerece quien...
 Es mejor morir que...
 Fracasar en la vida es...

Lo más reprobable es...
En conciencia, cada cual debe siempre...
Triunfar en la vida es...
Nunca puede fracasar quien...
Nunca puede triunfar quien...

2. ¿Se parece en algo lo que opinas desde tu postura de «payaso listo» a lo que opinaría tu padre o tu madre?
3. ¿Se opone en algo lo que opinas desde tu postura de «payaso listo» a lo que opinaría tu padre o tu madre?

Ejercicios de acción

1. Completa todas y cada una de las frases del ejercicio previo, aunque el resultado te parezca un disparate. Dado que todo es relativo, cualquiera de las respuestas puede cuestionarse. Haz un esfuerzo de ingenio y piensa por qué; anota una causa razonable por la que serían cuestionables. He aquí dos ejemplos:

   a) «Es cuestionable que una persona hecha y derecha siempre
   .... porque ....»
   b) «Es cuestionable que se distinga a quienes saben conducirse en la vida
   .... porque ....»

De este modo, verás objetivamente que no hay una única manera de pensar o sentir y por lo tanto de actuar, y que todas pueden ser razonables. Si aceptamos las diferencias, incluyendo las nuestras, viviremos hacia nosotros mismos y hacia los demás con comprensión, y no según rígidos modelos preestablecidos que nos conducen al mal humor cuando alguien o nosotros mismos no actuamos de acuerdo a ellos.

Los siguientes ejercicios tienen como objetivo que compruebes cómo tus pensamientos voluntarios pueden causar y mantener los sentimientos y las emociones que vives.

Para llevarlos a cabo, es conveniente que estés a solas en un sitio donde nadie te interrumpa. Cuanta más actividad física implique la expresión de tus sentimientos, más concluyentes serán tus resultados.

Para volver a tu estado de equilibrio, entre ejercicio y ejercicio, realiza inspiraciones y espiraciones de cinco segundos de duración, de pie y con el pecho totalmente abierto, durante un minuto. Es conveniente que te ayudes con la alarma de un despertador que te avise de la finalización del tiempo establecido.

Después de realizarlos, anota lo que has aprendido en cada uno de los ejercicios y recuérdalo con el fin de aplicarlos en tu vida cotidiana.

2. Dedica cinco minutos a sentirte alegre. He aquí algunas sugerencias que puedes añadir a las tuyas: haz muecas ante el espejo; sonríe de diversas maneras; enumera objetos que posees y que te agradan, o las razones que tienes para sentirte feliz; canta, baila o practica algún ejercicio físico que te resulte agradable.
3. Dedica cinco minutos a sentir ternura, pensando en las personas o animales que más estimas: reconoce el afecto que despierta en ti su compañía, percibe lo que ellos desean de ti y complácete en imaginar –o recordar– el cariño que les das. Recréate en la sensación de unión y apoyo incondicional, pues te llenará de satisfacción.
4. Dedica cinco minutos a sentir miedo, confecciona una lista con todas las desgracias que pienses que es posible que acaben sucediéndote. Piensa en lo peor que puede

ocurrir y en lo mal que llegarías a sentirte. Imagina la sensación de culpabilidad por no haber impedido que sucedan.

5. Dedica cinco minutos a sentir rabia (por ejemplo, recordando experiencias en las cuales alguien se aprovechó de tu ingenuidad o buenas intenciones para perjudicarte). Abandónate plenamente a la emoción de la rabia, patalea, grita y, finalmente, desahógate golpeando con un palo, raqueta o escoba sobre un colchón.
6. Dedica cinco minutos a sentirte afligido, centrándote en un suceso realmente triste que hayas vivido. Recuerda los momentos más amargos o dolorosos. Puedes llorar, lamentarte y sollozar hasta que sientas alivio.

¿Crees ahora que está en tu mano influir en tu buen humor? ¿Cómo? Redacta un decálogo a partir de lo que te ha sido más útil para percibir tus propias emociones.

MANUAL PARA EL PROPIO USO Y DISFRUTE

Test. ¿Cómo reacciono ante los problemas?

NUNCA	RARA VEZ	A VECES

1. Tengo modelos, personas de las que trato de aprender, pues las admiro.
2. Tiendo a cuestionarme el porqué de las cosas que los demás dan por sentadas.
3. Me permito cometer errores; me felicito por ellos, me permiten mejorar.
4. Suelo buscar riesgos asumibles para actuar de forma diferente.

5. Trato de llevar a cabo tareas creativas que impliquen el uso de la fantasía.
6. Intento pensar en un problema desde distintos ángulos, no doy nada por supuesto.
7. Dedico más tiempo que otros a desconectar y reponerme, pues incide en mi eficacia.
8. Me siento bien mientras pienso en una situación ambigua y cuando no sé qué solución darle a un tema.
9. Soy proclive a trabajar en áreas nuevas, sin que me importe no dominarlas aún.
10. Me esfuerzo por ser creativo, romper moldes y usar la imaginación.

Resultados

NUNCA =	RARA VEZ =	A VECES =

Cada respuesta en la columna «1» vale un punto; en la «2», dos puntos, y en la «3», tres puntos. Suma el total de cada columna y luego el conjunto de las tres.

Según la puntuación obtenida, el estado actual de tu personalidad y carácter es:

De 0 a 10 puntos: te cierras a nuevas posibilidades.
De 11 a 20 puntos: limitas en algo tus posibilidades.
De 21 a 30 puntos: eres algo abierto a las posibilidades.
De 31 a 40 puntos: estás totalmente abierto al triunfo.

No obstante, independientemente de tu resultado en el test, no te desanimes: todos tenemos la posibilidad de cambiar y de aprender a disfrutar de un inmejorable humor y, para eso, entre otras cosas, ¡continúa leyendo las siguientes páginas!

CAPÍTULO 3

El lenguaje de las señales

> Un ratoncito va corriendo con su mamá, y después de ver un murciélago le dice: «Mamá, mamá, he visto un ángel».

Nos es muy fácil darnos cuenta de «de qué van» los demás, pues sabemos que tienden a actuar de una forma determinada. Por ejemplo, todos conocemos a personas que muestran una expresión permanente de sorpresa, preocupación o tristeza, mientras que otras se presentan como eficaces y diligentes. En general, tanto la expresión del rostro como la postura o la forma de moverse y hablar demuestran con elocuencia qué repertorio de actuaciones cabe esperar de una persona.

De este modo, cuando entablamos una relación intercambiamos desde el primer momento multitud de pistas sobre lo que haremos y lo que esperamos que nos hagan. Estas pistas condicionan con quién iremos a tratarnos y cómo se desarrollará nuestra relación. Es la forma en que nuestras vidas quedan determinadas por el papel (en gran medida cómico) que representamos. Se trata de una «autoparodia», como nos demuestra el hecho de que, sin proponérnoslo o incluso intentando impedirlo, se repite en las nuevas relaciones que entablamos. ¿Por qué?

Nuestros mensajes corporales obran el mismo efecto que un disfraz de payaso o una camiseta con un eslogan en el pecho, con un lema que anuncia nuestra actitud (por ejemplo: «Dámelo, yo puedo hacerlo por ti»). Nuestra indumentaria invisible incluye también un «resultado final» que equivaldría a llevar un eslogan en la espalda (por ejemplo: «¿Para qué te necesitaba, inútil?»).

El eslogan de nuestras camisetas determina las personas con las que entramos en contacto y para qué lo hacemos. Por ejemplo, quien luce una camiseta en cuyo pecho se lee: «Hola, dame una patada» y en la espalda: «Me has herido, me voy», correspondería a alguien dispuesto a pertenecer al club de los «desengañados por lo malvados que son los demás». Comparte mucho con quienes visten camisetas del tipo «Mi marido es un monstruo» o «Nunca cuentan conmigo». Dichas personas hablarán de sus fatalidades largo y tendido, se harán compañeros solidarios en el victimismo, justificarán sus conductas y reiterarán sus razones para seguir dejándose maltratar, es decir, para continuar vistiendo la misma indumentaria.

Lo que se deduce de la expresión de los demás o el mensaje de sus camisetas resulta evidente, pero ¿y la propia? También nosotros llevamos una camiseta invisible y, aunque quizá tenemos diferentes modelos (una para el trabajo, otra para los amigos, otra para la familia...), todas ellas tienen nuestro estilo inconfundible y personal. Si logramos leer nuestro eslogan, nuestras actuaciones adquieren cierta gracia.

Pocas personas poseen la osadía de averiguarlo, ya que hacerlo requiere enfrentarse a uno mismo. Quienes lo consiguen forman una extraña subespecie de individuos que controlan sus vidas, y crean y mantienen relaciones conscientes y espontáneas.

Una vez somos conscientes de nuestros propios mensajes, se hace obvia la necesidad de deshacerse de las señales estereotipadas y aprender a decidir la propia conducta de nuevo cada vez y en cada caso.

Entonces podemos cambiarnos de camiseta, lo que equivale a salir de nuestro papel y representarnos de formas nuevas, como más nos convenga en cada momento. Sin embargo, nos consideramos erróneamente en la obligación tácita de imitarnos a nosotros mismos. Las señales de una camiseta nunca son espontáneas y, por tanto, a menudo ofrecen pistas falsas. De hecho, son en gran medida las que suscitan decepciones, pues impiden que los otros vean nuestra esencia.

Parece que, si pensamos el papel que vamos a representar y prescindimos de lo de siempre desvistiéndonos de nuestra camiseta, somos desconsiderados. Pero lo cierto es que todo buen humor comienza por tomarnos la libertad de ser quien realmente nos apetece.

Descubrir nuestro eslogan

En nuestra cultura existe una tendencia tácita a ignorar o no reflexionar sobre lo que realmente está pasando. Muchas veces se inculca a los niños el mensaje de que es preferible que ignoren lo que tienen delante de las narices o por qué se sienten de un modo determinado.

Si, por ejemplo, una niña de cinco años pregunta con lógica adulta y en tono cándido: «Mamá, ¿por qué te pones tan furiosa con papá cuando se entretiene hablando con la vecina, si tú también lo haces algunas veces?» y recibe como respuesta una frase agresiva y tajante como: «Niña, si vuelves a ser impertinente conmigo recibirás un buen tortazo», cuando ese tipo de diálogo se repite a menudo, la niña acatará sin darse cuenta la orden siguiente: «Actúa como una niña que desatiende cuanto pase frente a ti».

Sin embargo, darnos cuenta de lo que pasa en nuestras relaciones no sólo es justo sino también necesario para que funcionen bien. Equivale a descubrir de qué vamos, de qué van los demás.

El fragmento que se reproduce a continuación, perteneciente a la obra *¿Qué dice usted después de decir «hola»?* de Eric Berne, muestra el ejemplo de una persona que «payaseaba», un hombre que desarrollaba el siguiente diálogo con las mujeres:

> –Hola –decía.
>
> A lo que ellas normalmente respondían:
>
> –Hola.
>
> A continuación, el hombre preguntaba sin más:
>
> –¿Le gustaría que nos acostáramos?
>
> Es fácil imaginar lo que sucedía a continuación. Consternado, relató este hecho a un amigo, quien le sugirió que le iría mejor si intentara dar un poco de conversación antes de hacer una pregunta tan íntima y directa. El hombre creyó comprender la idea, y la siguiente vez que le presentaron a una chica dijo:
>
> –Hola, ¿ha estado alguna vez en Etiopía?
>
> –No –fue la respuesta de su interlocutora.
>
> –Entonces, vayámonos a la cama –concluyó el hombre.

Un personaje que hiciera algo semejante jugaría caracterizado de «payaso tonto», pero seguramente por eso le iría mucho mejor que a otros que pretenden ser «payasos listos».

Ejercicios de reflexión

Apunta tus respuestas para poder leerlas luego, ya que estos ejercicios tienen como objetivo lograr que te conozcas mejor, que distingas los mensajes o señales que emite tu cuerpo y que aprendas lo que te inspira rechazo, tolerancia o bienestar.

1. ¿Cómo describirías la expresión de tu rostro cuando reaccionas ante algo?

2. ¿Cómo reaccionan los demás a tu expresión?
3. ¿Acostumbras a darte cuenta de cómo suena tu tono de voz cuando tratas a otras personas? ¿Qué sientes cuando lo haces?
4. Cuando has de elegir entre ser feliz y ponerte a prueba, ¿qué sueles hacer? Pon un ejemplo real.
5. Identifica y pon nombre a tres voces distintas que puedas oír cuando piensas. ¿Qué te suele decir cada una de esas voces interiores?
6. Si una de esas voces se correspondiera con tu «yo» auténtico, ¿cómo sería?, ¿qué rasgos tendría?

Ejercicios de acción

1. Determina a qué tipo puede pertenecer una persona con la que tienes mucho trato y que creas que podría enseñarte a afrontar tus problemas. A continuación, busca una circunstancia adecuada y pregúntale cuáles son las cosas que opina que deberías intentar hacer para mejorar tu humor, sentirte más a gusto, etc.
2. ¿Puedes determinar cuántos de tus allegados pertenecen a tipos complementarios al tuyo? Si es así, búscalos y fíjate en el intercambio de señales que se produce entre vosotros y si se corresponden con vuestros «yos» auténticos.

Con estas acciones puedes aprender a ser más flexible y a verificar que un cambio de guión o incluso una actitud sin guión alguno pueden ser enormemente gratificantes y, sobre todo, liberadores.

CAPÍTULO 4

Aprender a jugar

–Juan, parece que quieras más al perro que a mí.

–Que no, tonta, que os quiero igual.

Nuestras indumentarias de payaso con sus camisetas «invisibles» o señales físicas configuran una petición tácita para que nos traten según un esquema o «juego» y no de la forma que sería natural. Dicha petición puede resumirse generalmente en un lema básico que propicia ciertos tratos, ciertos sentimientos y cierto final con la gente con la que nos relacionamos, y que se repite indefinidamente en múltiples intercambios con la misma o con distintas personas.

A lo largo de nuestra historia personal surgen paralelismos entre el «resultado final» o «saldo» en muchas de nuestras relaciones. Esto se debe a que, por ejemplo, al principio hacemos algo (como pedir ayuda o prestarla) y luego actuamos de forma distinta (rechazando la ayuda o enfadándonos).

A pequeña escala en cada conversación y a gran escala en cada historia sentimental repetimos un esquema de primer acto, segundo acto y final. Es nuestro *sketch*, el argumento de nuestra actuación.

Al igual que en un número circense, todos los espectadores –salvo nosotros, el payaso protagonista– captan inequívocamente el lema en cuestión. Desde el primer momento de cada interacción anunciamos con claridad lo que haremos (lamentarnos, aleccionar, complacer, etc.) y así limitamos lo que es posible que suceda. Para los demás, resulta evidente qué actitud deben tomar si quieren «actuar» con nosotros o entrar en nuestra vida. Son las reglas de nuestro *sketch* o pequeño esquema de juego.

Todos tenemos juegos predilectos y muy bien ensayados que nos resultan cómodos, y los representamos una y otra vez con la gente que conocemos.

Los roles del juego

Además de las diversas posturas ante la realidad, las personas pueden adoptar tres roles en su vida que luego trasladarán a sus «juegos»: el de perseguidor, el de salvador o el de víctima.

- **Perseguidor.** Manipula a los otros, intenta modificar sus conductas mediante el temor empleando caricias agresivas. Cree que «Yo estoy bien y los demás, mal».
- **Salvador.** Manipula a los otros ofreciéndoles una especie de soborno y dándoles consideraciones que no necesitan. También cree que «Yo estoy bien y los demás, mal».
- **Víctima.** Intenta que le persigan o que le salven. Es un niño adaptado, sumiso o rebelde. Cree que «Yo estoy mal y los otros, bien».

Estos tres roles están justificados y son lógicos cuando, por ejemplo, alguien ve que un niño se comporta de un modo temerario, un médico atiende a un enfermo grave o una persona resulta atropellada al cruzar la calle con el semáforo en verde. Fuera de estas circunstancias pueden ser adoptados o desempeñados de forma automática por las personas que los interpretan desde su infancia, siempre, aunque no exista una causa.

Para desempeñar uno de estos roles, la persona necesita captar a un contrincante de juego dispuesto a representar uno de los papeles complementarios. De esta forma, una persona puede actuar de salvador enfadado, para luego interpretar el papel de perseguidor. Esto puede ser más o menos grato, pero el desenlace es muy previsible y casi siempre resulta monótono.

Así, por ejemplo, alguien que muestra en el pecho el lema: «Hola, dame tu consejo» y en la espalda: «No me has comprendido, me voy» está provocando a personas que dominen el rol de «payaso listo» en su faceta de consejero-salvador. Las personas que adoptan este último rol hablan entre ellas largo y tendido, cómplices ante el infortunio del primero. El salvador repite sus sabias advertencias, pero la víctima sigue actuando del mismo modo frente a sus problemas. La razón del juego es entretenerse y no que sus vidas mejoren realmente, pues eso les supondría mejorar sus acciones; es decir, cambiar su cómodo y acostumbrado juego.

Todos conocemos la sensación de vacío que nos invade al despedirnos de alguien que nunca varía de registro (ha vuelto a contarnos sus penas, a decirnos lo que hemos de hacer o a adularnos), como si nos hubiéramos limitado a repetir mecánicamente unas jugadas estereotipadas para quedarnos como siempre.

Analizar los juegos que jugamos es una buena forma de hacernos cargo de una relación. Es algo que en un principio impone respeto y obliga a ambos jugadores a mejorar. Detectar las conductas propias que llevan a que los acontecimientos se desarrollen de una forma determinada, aunque sea inconsciente, nos servirá de ayuda; eso nos permitirá reírnos de nosotros mismos y, por otra parte, nos ayudará a darnos cuenta de que disponemos de más alternativas. Cada vez y en cada caso podemos decidir nuestra respuesta ante una situación y ante los demás.

Ciertas personas juegan, por ejemplo, a «Ayúdame, pero no te dejaré hacerlo» y otras a «Ya lo hago yo por ti, pero es que me tienes harto». Descubrir estos «juegos» nos permite ver lo que nos hacemos y qué podemos hacer al respecto. Para ello, hemos de desatender en parte los juegos que repetimos y concentrarnos en lo que podemos hacer pero no hacemos.

Puesto que los juegos son transacciones estereotipadas y resultan repetitivos, aunque agradables, proporcionan vivencias «teatrales» o «circenses» poco profundas. Sin embargo, mientras nos mantenemos ajenos al aquí y ahora nos encontramos impelidos a «jugar», ya sea con nosotros mismos, entre las distintas partes de nuestro yo o bien con los demás para pasar el tiempo sin acometer lo que en el fondo sentimos. De ahí que nuestros juegos nos alejen de las vivencias auténticas de cada momento.

Sólo cuando tomamos conciencia de los juegos que acostumbramos a jugar podemos adquirir una mayor comprensión y control de nuestras acciones y reacciones y, así, sentirnos libres y espontáneos ante cada situación.

¿Por qué actuamos según un esquema?

Para entender cuál es el mecanismo que nos lleva a jugar un determinado juego y no otro, hemos de saber que cada persona adopta una postura o actitud ante la vida según lo que se considera ella misma y a los demás. La clasificación depende de cómo se percibe el individuo frente a los demás, si ambos están «bien» o «mal», teniendo en cuenta que en este contexto «bien» se refiere a ser inteligente, justo, autónomo, equilibrado, bueno, sensato, etc. y «mal» a carecer de estos rasgos psicológicos tan convenientes.

Veamos la generación de un juego o esquema de actuación mediante un ejemplo:

- Sabemos que la postura más realista sería: «Yo estoy más o menos bien y los demás, también». La pregunta que una persona realista nos haría para invitarnos a su fiesta sería: «¿Podrás venir?».
- Las personas que se desvalorizan se sitúan en la postura: «Yo estoy mal y tú, bien», y querrán jugar a darnos lástima, inspirarnos afán de protección, etc. Su forma de invitarnos a su fiesta sería: «Necesito que vengas».
- Por el contrario, quienes se sitúan en la postura: «Yo estoy bien y tú, mal», podrían elegir una frase como: «Esta vez, ¡no me falles!».
- Los casos más cómicos están en las posturas más extremas de esas personas que piensan: «Yo estoy muy mal y tú estás muy mal» y que podrían preguntarnos algo tan nihilista como: «Como vuelvas a plantarme, no sé si podré soportarlo».
- También resulta muy cómico el extremo opuesto de quienes son ingenuamente positivos al valorar que: «Yo estoy absolutamente bien y tú estás perfectamente». Una persona de este tipo puede invitarnos, de buenas a primeras, con un: «¡Qué ilusión que quieras venir!».

La raíz de nuestros juegos preferidos está en nuestros esquemas preestablecidos más que en consideraciones racionales. Esto explica que, lejos de ser lógica, la evolución de nuestras relaciones sea tan a menudo impensable.

Ejercicios de reflexión

1. Piensa en una persona a la que conozcas bien y con la que compartes habitualmente un «juego». Descríbelo.
2. En el «juego» del punto anterior, ¿quién adopta el papel

de víctima, de salvador o de perseguidor? ¿Es un «juego» grato, ameno y divertido?

3. ¿Crees que juegas también a otros «juegos» con esa misma persona? En caso afirmativo, describe cuál o cuáles son.

El objetivo de estos ejercicios es que adquieras más conocimientos acerca de tus posturas frente a la realidad y las de las personas con quienes te relacionas, lo que te será muy útil para liberarte de aquellos juegos que no son positivos para tu estado de ánimo.

Ejercicios de acción

1. Invéntate un par de «juegos» agradables, que te hagan sentir bien, y procura jugarlos con alguien conocido con quien anteriormente no hayas tenido mucho trato (puede ser un vecino, un compañero de trabajo o de estudios, una persona que aparca su coche en el mismo sitio en que tú lo haces, etc.) y explica las dos experiencias por escrito. Relee de vez en cuando lo que has escrito para recordar que eres capaz de generar situaciones («juegos») agradables que te acercan a los demás y hacen crecer tu confianza en ellos y tu autoestima. Ambas cosas mejoran enormemente el buen humor.
2. Piensa en dos personas que conozcas y que básicamente tiendan a adoptar las siguientes posturas existenciales:
   a) *Personaje en postura «Yo estoy mal y tú, bien»*. Describe a esa persona respondiendo a las siguientes preguntas: ¿cómo es?, ¿qué rasgos físicos denotan que se desvaloriza?, ¿cuáles son sus frases autodesvalorizadoras típicas?, ¿cómo crees que reaccionaría si le dijeras que ha de emplear la energía que utiliza para despertar com-

pasión en algo que le resulte más útil? (Respecto a esto último, no es necesario que se lo digas; puedes escribirle una carta que no vas a enviarle.)

b) *Personaje en postura «Yo estoy bien y tú, mal»*. Haz lo mismo que en el caso anterior: ¿cómo es?, ¿qué rasgos físicos denotan que se siente superior a los demás?, ¿cuáles son sus frases típicas para desvalorizar a los otros?, ¿cómo crees que reaccionaría si le dijeras que ha de emplear la energía que utiliza en cambiar a los demás para mejorar su propia vida? (De nuevo, no es necesario que se lo digas realmente.)

3. Piensa en una conversación que hayas mantenido con alguien conocido en la que adoptaste el rol de perseguidor y el de víctima, alternativamente. Transcríbela.
4. Haz lo mismo con una conversación que hayas mantenido con un conocido en la que adoptaste el rol de víctima, primero, y el de salvador después. Transcríbela.
5. Repite los anteriores roles en una conversación en la que juegas primero como salvador y luego como víctima.
6. ¿Recuerdas alguna relación personal que se haya roto porque tú ya no querías interpretar el rol de siempre? ¿Puedes explicar a grandes rasgos qué pasó?
7. ¿Sabrías definir qué es para ti una persona capaz de liberarse –esporádicamente– de los «juegos»? (Es decir, que puede abandonar sus actitudes y roles típicos.)

CAPÍTULO 5

Aceptar la realidad con buen humor

> Perdona siempre a tus enemigos, no hay nada que les enfurezca más.
>
> OSCAR WILDE

El pastel se quemó, el contrato fue rescindido, hemos sufrido una enfermedad, una ruptura... A veces vemos estas encrucijadas como catástrofes que nos marcarán para siempre, pero podemos interpretarlas como pruebas de tránsito, como bromas más o menos pesadas que la vida nos gasta.

La realidad no dispone de libro de reclamaciones

Cuando se sienten abatidas, muchas personas empeoran aún más su estado de ánimo diciéndose: «Es una vergüenza: he fracasado en los aspectos más importantes de mi vida» cuando, para mantener su buen humor, les ayudaría decirse otro tipo de frases como: «Cada experiencia es en sí misma un aprendizaje, un valor».

Ciertamente, la vida es fuente de penalidades, heridas que se han de curar. Pero sabemos que cada derrota conlleva siempre una lección. Nuestros problemas y frustraciones, desde el más pequeño contratiempo hasta el más enorme sinsabor, son enseñanzas que el destino nos brinda. La próxima vez que, por ejemplo, alguien reaccione de forma muy desagradable a una pregunta, en vez de enfadarnos, concentrémonos en la enseñanza que se desprende: «Parece que mi pregunta no le ha agradado».

Alguien puede, durante una enorme cantidad de tiempo, intentar mantener una conversación razonable con otra persona; sin embargo, si ésta es reacia al intercambio de ideas, fracasará. Igual que «fracasa» quien espera recoger peras de un olmo y se pregunta desolado: «¿Por qué este magnífico olmo no me da ni una sola pera?». La pregunta está mal planteada. Con sentido común, nos empleamos en las demandas y preguntas correctas. En este caso, dado que es inútil pedirle peras al olmo, la pregunta apropiada es la siguiente: «¿Qué proporciona un olmo?». Sombra, una robusta y bella madera para fabricar muebles y un rumor agradable... Así pues, plantear las preguntas correctas es un punto esencial.

Diferenciar entre «prefiero» y «necesito»

Las personas con buen humor sufren, como el resto, disgustos. La diferencia es que, en lugar de amargarse, interpretan las frustraciones como «enseñanzas» y «retos» de los que siempre se obtiene algo nuevo y se enfrentan a los desafíos con una actitud basada en la confianza y la aceptación. Por el contrario, los malhumorados «exigen» que las cosas sean distintas.

Hemos visto que la forma de introducir el buen humor en nuestra vida parte de no exigir que las cosas sean como queremos, es decir, asumir que las cosas son como son y aceptar la diferencia que mantienen respecto al ideal.

Los animales también padecen, pero no se afincan en el sufrimiento porque carecen de pensamientos tortuosos. De hecho, gran parte del sufrimiento humano se enraíza en sus pensamientos intolerantes. Prescindir de dichas exigencias nos requiere una difícil superación que, sin embargo, nos depara luego aún más satisfacción; y esto se hace cada vez más fácil con la práctica.

El doctor Albert Ellis, padre de la terapia racional-emotiva, ha señalado cómo los pensamientos que nos llevan a malhumorarnos se reducen a tres errores que parten de tres tipos de contrariedad clásicos. Veamos cada uno de ellos:

1. **Contrariedad tipo 1: «Lo que yo pretendo ser no es lo que soy».**
   Parten de una idea absurda: «Necesito ser perfecto; si cometo un error, es terrible y me impide ser feliz o estar bien». El pensamiento antídoto es: «Preferiría no cometer errores, pero soy humano y los cometo y, a pesar de ello, puedo sentirme bien y disfrutar de la vida». Ejemplos de humor aplicado a esta contrariedad son:

   > Ni por asomo me haría socio de un club que me aceptase como tal.
   >
   > GROUCHO MARX

   > Cuando aceptamos nuestros defectos en lugar de intentar defenderlos, empezamos a reír y el mundo ríe con nosotros.
   >
   > JIMMY DURANTE

2. **Contrariedad tipo 2: «Lo que deseo que los demás sientan y hagan por mí no es lo que sienten y hacen por mí».**
   Quien no acepta las contrariedades, parte del siguiente razonamiento erróneo: «Necesito ser querido por las personas importantes para mí y de la forma en que me gusta;

si no es así, no puedo ser feliz ni estar bien». Esta contrariedad se cura sencillamente asumiendo que: «Si bien es agradable y preferible que cierta persona me aprecie, puedo pasarlo bien y sentirme fabuloso aunque ella prescinda de hacerlo». Ejemplos de humor aplicado a esta contrariedad son:

> Deja de preocuparte por lo que piensan de ti, pues apenas piensan.

> Nada es imposible para la persona que no tiene que hacerlo.
>
> Arthur Bloch, *La ley de Murphy*

3. **Contrariedad tipo 3: «Como quiero que las cosas sean no es como las cosas son».**
Quien se enfada y padece por ello es porque piensa algo parecido a: «Necesito que las cosas sean fáciles y como a mí me gustan; si no seré infeliz, me malhumoraré y sufriré por ello». Esta falacia se supera con la siguiente verdad: «Las cosas son y serán como son, no necesariamente como quiero que sean». La forma de adquirir cada vez más libertad y mayor valentía consiste en enfrentarnos a los problemas de la vida. Ejemplos de humor aplicado a esta contrariedad son:

> Para trabajar aquí no hace falta estar loco, pero ayuda bastante.
>
> Frase en una pegatina, según Alien Klein

> No hay nada más difícil de soportar que una serie de días buenos. Ya es hora de acabar con los milenarios cuentos de viejas que presentan la felicidad, la dicha y la buena fortuna como objetivos apetecibles. Durante demasiado tiempo se

> ha tratado de convencernos –lo hemos creído de buena gana– de que la búsqueda de la felicidad al fin nos deparará felicidad. Lo gracioso del caso es que el concepto de felicidad ni siquiera puede definirse.
>
> PAUL WATZLAWICK, *El arte de amargarse la vida*

Cómo transformar las contrariedades en buen humor

Con frecuencia se da la paradoja de que, en nuestro afán por lograr algo deseado, lo hacemos imposible. Un ejemplo: el interés en vender algo será inversamente proporcional al del posible comprador. Para darnos cuenta en la práctica nos es preciso distanciarnos y es así como logramos entender que no es necesariamente más feliz quien más combate las situaciones penosas, sino muchas veces quien simplemente las evita.

La pregunta inteligente ante una contrariedad es: «¿En qué sentido nuestra solución empeora aún más las cosas?». Es decir, debemos detectar cuáles de nuestros esfuerzos son en realidad contraproducentes. Veamos unos ejemplos de soluciones paradójicas:

- En *Desde el jardín*, Mr. Chance consigue, a base de hablar poco, que sus escuetas afirmaciones se consideren «elocuentes muestras de su ingenio político».
- Un club logra ser famoso poniendo muy difícil su acceso a los ciudadanos.
- Un negociador logra que la otra parte ceda empleando el buen humor, la complacencia y la risa en lugar del enfrentamiento.
- Tom Sawyer cobra a sus amigos por dejarles encalar la verja durante unos minutos.

- Una persona agobiada por un pariente logra espantarlo insistiéndole en que acuda en su ayuda «todavía mucho pero mucho más y a cualquier hora».

Desenmascarar la farsa

Normalmente, las cosas más útiles son las que nadie comenta. Nuestra labor es captarlas; por ejemplo: «Al maestro no hay que hablarle hasta que haya desayunado», «La información más importante sobre promociones se obtiene en los partidos de frontón», etc. Porque en general, como ya hemos explicado, las personas repetimos actuaciones prefijadas o juegos. Sin embargo, la primera norma de todo juego es disimular su condición de juego. Ha de parecer que va todo muy en serio, y quien se pone de mal humor pierde.

Sirva como ejemplo el cuento «El traje nuevo del emperador», de H. C. Andersen, en el que unos supuestos sastres confeccionan al emperador un traje que solamente pueden ver los hombres justos. Como resultado, el rey se pasea desnudo por toda la ciudad sin que nadie se atreva a decir nada, hasta que un niño pone de manifiesto el engaño. Es decir, con señalar el asunto, éste queda resuelto.

En las familias se repite también un esquema tácito de conductas o juego (por ejemplo, descontar los méritos del hijo mayor, negar que papá está haciendo algo que nos molesta, etc.). Existen infinidad de juegos, pero si alguien señala uno de ellos lo desvela como absurdo y puede que se interrumpa. Lógicamente, el desmantelamiento del juego hace que los jugadores más dedicados se disgusten y se pongan realmente de mal humor.

Todos participamos en juegos absurdos del mismo tipo. La forma de abandonarlos pasa por darse cuenta. ¿Qué es realmente lo que sucede y no se dice que sucede? ¿Cuáles serían las normas del juego? ¿Disfruto participando en este juego? ¿Podría pasarlo mejor jugando otra táctica? ¿Prefiero otro juego?

Aceptar los hechos inamovibles

A veces, lo que nos aflige es un hecho inamovible y no un problema. Es un hecho, por ejemplo, que alguien sea egocéntrico. Es algo irresoluble, como el asunto de que un olmo dé peras.

Una vez aceptamos que la situación dada es algo con lo que hemos de vivir, ahorramos energía que pasaremos a invertir en la mejora de nuestro ánimo. Tal y como afirma Art Linkletter: «Las cosas le van mejor a la gente que saca el mejor partido de cómo van las cosas».

Aceptar los hechos inamovibles nos permite, además, ver la parte buena de las cosas. El olmo no da peras, pero sí sombra y un rumor muy agradable. La cesión ante los hechos consumados es lo más inteligente y nos abre puertas. Nos preguntamos: si es así como son las cosas, ¿cómo viviré con ello?, ¿qué puede implicar de bueno?

Ejercicios de reflexión

1. Piensa en una situación en la cual hayas reaccionado de forma negativa, inesperada y/o confusa.
2. Revive la escena y vuelve a experimentar el momento en el que se desencadenó la reacción.
3. Recuerda los aspectos más importantes –para ti– de aquella situación. Trata de pensar en la reacción emocional que viviste y en la interpretación de los hechos que hiciste en aquel momento.
4. ¿Qué relación hay entre la situación tal como la ves ahora

y la reacción inesperada o problemática que viviste? ¿Se debe la segunda a la primera? ¿O se debe la primera a la interpretación que hiciste de esa situación? ¿Cuál era esa interpretación?

5. ¿Cómo se daría una orden para que alguien reaccionara como lo hiciste, en una situación semejante? ¿Es una orden disparatada? ¿La obedeces en otras situaciones?
6. ¿Puedes redactar una resolución que contradiga la orden del punto 5 e implique un cambio positivo en tu humor?

El objetivo de estos ejercicios es descubrir y aprender a identificar qué provoca una reacción negativa: se trata de la primera asociación que hacemos de un hecho sin pensar demasiado y que, en general, ofusca la posibilidad de pensarlo racionalmente. Cuando, una vez pasado el tiempo, lo revivimos mentalmente y con un estado de ánimo objetivo y sereno, vemos que no había motivos reales para haber reaccionado como lo hicimos.

El modo positivo de actuar consiste en aprender a controlarnos para saber contrarrestar esa primera reacción.

Ejercicios de acción

1. Imagina cinco situaciones cotidianas (en el hogar, en el trabajo, en los estudios, etc.) y anota cada una de ellas en una línea de la tabla en su primera columna (izquierda); en la segunda columna anota una reacción disparatada al respecto, y en la tercera columna (derecha) anota una resolución positiva al respecto.

SITUACIÓN	DISPARATE	RESPUESTA POSITIVA
1)		
2)		
3)		
4)		
5)		

2. En el supuesto de que dentro de una persona habite un niño emotivo que no tolere la frustración, ¿qué crees que puede hacerse para equilibrarlo y contentarlo? Traduce las sugerencias que figuran a continuación (entrecomilladas y en cursiva) en necesidades o deseos aceptables para la vida actual de tres personas adultas que sueles tratar (jefe/a, padre/madre, marido/esposa, etc.).
3. En los próximos días, aplica las respuestas aceptables para alguna de estas personas cuando estés en su compañía; procura mantener presente la idea de que dentro de esa perso na habita un niño y observa sus reacciones. Después, explica qué aprendiste.

«Eres el rey/la reina de la casa.»	«Eres el tesoro de mi vida.»
«Eres un encanto ¡adorable!»	«Vamos a ver qué tienes...»
«¿Qué quiere el cielito?»	«¡Pero si está mojadito/a, el pobre!»
«¡Qué feos estos pañales!»	«¡Estos pañales molestan a mi rey/reina!»
«¡Vamos a sacar los pañales, son feos!»	«Claro que llora mi rey/reina...»
«¡Pero si ya es su horita de comer!»	«Le prepararemos lo que le gusta.»
«Porque es el rey/la reina de la casa...»	«Es el amor de mi vida.»

Este ejercicio sirve para observar el niño interior de otras personas. Lo importante es que, cuando hables con tu interlocutor, en lugar de relacionarte con el ser adulto trates de hacerlo con el niño que habita en su interior. De esta forma, cambiará tu punto de vista y aquello que te molestaba y que te llevaba a tener una reacción malhumorada se minimizará y podrás reemplazarlo por un estado de ánimo positivo que busca contentar precisamente a ese niño de tu interior.

MANUAL PARA EL PROPIO USO Y DISFRUTE

Test. ¿Qué humor predomina en mí?

1. Un niño chilla y destroza objetos cada vez que le contrarían...
   a) Deben darle más cariño, pues es un niño que se siente mal.
   b) Deben persuadirle para que exprese sus sentimientos de otra manera.
   c) Deben enseñarle a comportarse civilizadamente.

2. Deseo una vida...
   a) Intensa y con amor.
   b) Plena de sentido y libre.
   c) En la que alcance éxito y estatus social.

3. A un hijo es importante inculcarle...
   a) Buenos sentimientos.
   b) Responsabilidad.
   c) Educación y conocimientos.

4. En un amigo valoro...
   a) Que lo pasemos bien juntos.
   b) Que sea sincero y honesto.
   c) Que sea de mi estilo e ideas.

5. Cuando decido, normalmente...
   a) Me dejo llevar por el corazón.
   b) Analizo de forma global la situación.
   c) Aplico siempre la razón.

Resultados

Mayoría de respuestas *a:* carácter en el que predomina el estado de niño, con tendencia al disparate.

Mayoría de respuestas *b:* carácter en el que predomina el estado de adulto, con tendencia a plantearse las cosas de forma inteligente.

Mayoría de respuestas *c:* carácter en el que predomina el estado de padre, con tendencia al absurdo.

CAPÍTULO 6

Cómo querernos a nosotros mismos con humor

> Las antiguas situaciones inconclusas suelen presentar una barrera para la aceptación total de las relaciones.
>
> VIRGINIA SATIR

Como sugiere Virginia Satir, las situaciones difíciles que no pueden evitarse de forma inteligente deben tratarse con disciplina.

Piensa en tu infancia más lejana, esa época en la que todavía no sabías andar y eras un personaje tan pequeño como un paquetito en brazos de un adulto que te trataba con cariño, sostenía tu cabeza y te alimentaba con afecto. Te sentías bien: todo confirmaba que eras un ser adorable, digno de amor.

Aunque acaso alguna vez te decepcionaron, ignorándote, o bien tratándote con brusquedad. Te sentiste torpe, un ser que causaba problemas y no merecía que lo quisieran.

La sensación de que merecemos sentirnos bien se siembra en la época más temprana de la vida y, como adultos, podemos cultivarla si aceptamos la realidad y lo que somos.

Dónde encontrar el buen humor

Generalmente, las personas buscan el buen humor fuera de sí mismas. Nos preocupamos de ofrecer un buen aspecto y de lograr cosas que exteriormente nos agradan. Aunque eso está bien, a menudo va en detrimento de la aceptación de nuestra realidad interior. La persona que desatiende su experiencia interior no se acepta.

¿Por qué es algo tan común? Porque existe un «infierno interior» que conforman los sentimientos dolorosos que ignoramos: miedo, pánico, furia, humillación... Todos ellos anclados en tensiones musculares que los sostienen.

Si detectamos estas zonas de rigidez y tensión crónicas podemos reconocer esos sentimientos no conscientes. En cambio, mientras sigamos defendiéndonos de ellos, seguirán presentes en nosotros.

El alivio está en la simple renuncia a la resistencia. De ese modo, nos sentiremos liberados de esa pesada carga, más enérgicos y de mejor humor.

Exteriorizar nuestro humor

En el confesionario:

–Padre, he cometido pecado carnal.

–Es grave, hijo. ¿Cuántas veces?

–Padre, vine a confesarme, no a presumir.

«Todo lo que me gusta es pecado o engorda.» La alegría, el placer y, en general, el buen humor despiertan sospechas. Puede tolerarse que una persona los goce, pero se espera que al menos evite ostentaciones: es aceptable detallar los problemas, pero mostrarse contento representa transgredir un tabú.

Ésa es la razón de que eludamos comentar las sensaciones placenteras y sólo excepcionalmente expliquemos cómo logramos los momentos de máximo bienestar y delicia. La pregunta es: ¿alguien nos premiará por haber tenido una vida seria, triste, frustrada e inmersa en el mal humor?

Quizá ésa sea la causa de que nos olvidemos del disfrute en sí. Normalmente actuamos como si el gozo fuera algo que nos asaltará si logramos lo deseado. Craso error: ¿a quién le sobreviene buen humor por haber bebido agua cuando ya no tiene sed? Al contrario, el gozo se basa en nuestra acción interior, cuya fuerza integradora se favorece a sí misma. Por ejemplo, si cuando estamos muy contentos brincamos haciendo que participe todo el cuerpo y sacudiendo las caderas, esta expresión es causa de mayor bienestar. La habilidad para expresarse –contonearse en este caso– aumenta la euforia.

Nuestras emociones positivas nos conmueven, como un estallido físico cuyo epicentro se localiza en el corazón. Sin embargo, la educación que recibimos nos enseña que mostrarse pletórico es inconveniente e incluso provocador. De ahí que muchas personas releguen la parte baja de su físico a la función de mera transportadora del cráneo. Su gozo duerme refugiado en el fondo de un cuerpo desactivado: la pelvis, como evidencia el hecho de que tanta gente camine con la cadera bloqueada, rígida e inmóvil, tratando de mantener dormidas todas esas profundas sensaciones.

En culturas muy primitivas se observa lo contrario: las personas caminan apoyando completamente la pierna y dejando que la pelvis juegue con naturalidad, suelta y gozosa.

El buen humor corporal

Solamente puedes tener paz si tú la proporcionas.

María von Ebner

Si deseas conectar con tu bienestar interior, prueba estas sencillas maniobras; te ayudarán a despejar las tensiones emocionales que habitan en tu interior a modo de defensa:

- **Para centrarnos.** La respiración es un proceso involuntario que puede regularse conscientemente, por lo que sirve para «rehabilitar el propio cuerpo». Para ello, siéntate cómoda y simétricamente en un lugar en que puedas apoyarte sobre los glúteos (no debe ser demasiado blando). Esta posición te permitirá sentir la espalda y enderezarla espontáneamente, y la respiración se hará más profunda por sí sola. A continuación, siente cómo el aire llena los pulmones de forma natural y abarca el tronco hasta la región pélvica para despertarla.
- **Para ablandarnos.** ¿Acumulamos tensiones innecesarias en la mandíbula? Nacieron de un intento mantenido de evitar el llanto o contener la rabia. Ambos esfuerzos impiden amar. ¿Quién puede dar un beso de ternura si tensa la mandíbula? Para evitarlo, afloja la mandíbula y la lengua. De esta forma, serás consciente de las tensiones faciales y lograrás relajarlas. Cuando hayas distendido la cara, notarás cómo la sonrisa natural brota de todo tu cuerpo.
- **Para entusiasmarnos.** La alegría nos hace sentir el cuerpo más ligero: los pies de alguien entusiasmado caminan por sí solos. Todos los adultos han sido niños entusiastas, desinhibidos, ávidos de correr y saltar, que aún tenían la

parte baja del cuerpo activada. Para activarla, túmbate en una superficie mullida (como una cama o sobre la arena) con las piernas flexionadas y las plantas de los pies bien apoyadas en el suelo. Procura que tu espalda esté recta y relajada. Coloca las manos entre los muslos y presiónalos, como si intentaras impedir que te arrebataran algo que sujetas entre ellos. Notarás una vibración que te activará las piernas, los glúteos y los pies.

- **Para animarnos.** Nuestro cuerpo es un sistema de energía cuya renovación constante nadie acierta a explicar; vibra con la fuerza que rige el universo. Para sentir esta energía, zapatea siguiendo el ritmo un compás espontáneo o el de una música. No importa cómo lo hagas, sino que tu cuerpo se mueva libremente, «por sí solo», sobre todo la pelvis.

Una de las maneras más eficaces para provocar cambios consiste en ponerlos en práctica mediante el ejercicio y la expresión clara.

El buen humor es autoestima

Si usamos el sentido del humor incluso para reírnos de las discrepancias entre nuestras pretensiones y la realidad, dejaremos de resistirnos o defendernos. Es entonces cuando aceptamos las situaciones y a los demás, esparciendo aprecio. Esta emoción expande el pecho y ablanda a las personas, haciendo que se sientan satisfechas y radiantes.

Nuestro buen humor funciona como un ambientador, esparciendo la esencia o el mensaje de que aceptamos nuestro entorno con facilidad. Nadie puede dar aprecio si carece de él, y apreciarnos a nosotros mismos requiere la atención y el reconocimiento de los propios sentimientos; es decir, un contacto con nuestro interior en la vivencia presente, pues en su observación encontramos la verdadera paz o plenitud. La aceptación activa de lo que notamos ahora supone apreciarnos a nosotros mismos y nos dignifica.

Sólo cuando realmente nos apreciamos a nosotros mismos, logramos conectar con el universo y esparcimos buenas ondas. Un buen humor excelente se regenera en esa atención y respeto hacia los propios sentimientos.

Aproximarse a los demás con buen humor

> Seguramente, existen muchas razones para los divorcios; pero la principal es y será la boda.
>
> Jerry Lewis

Si observas a la gente a tu alrededor –las colas de espera ofrecen una buena ocasión– verás que mucha gente es más amable con un desconocido cualquiera que con quienes comparten su vida, como si, cuanto más rato pasáramos con alguien, más rudos nos volviéramos. Esto explica por qué la mayoría son tan duras consigo mismas. Podemos decir que se tienen «demasiada confianza».

Una persona a la que aprecio mucho acostumbra a hablarse a sí misma en voz alta con suma cortesía. Se trata de una costumbre chocante, pero enormemente higiénica. «Espero que te hayas acordado de las llaves –murmura en tono cómplice–. Sí, pero de eso tenías que acordarte tú» y responde otra vez con simpatía: «Gracias, pues. Para eso estamos».

Nunca se recalcará suficientemente la importancia de tratar con buen humor a las personas más próximas. Nuestra vida es una sucesión constante de momentos compartidos con ellas y deberíamos reverenciarlas para asegurarnos de que saben que las apreciamos y, en la medida de lo posible, adoramos. Hay muchas formas de hacerlo, y para eso es muy útil la confianza.

Afrontar la soledad

El ser humano es de naturaleza sociable; cuando se encuentra cómodo en un grupo, su buen humor aflora fácilmente. Sin embargo, el hecho de que nos sintamos acompañados y apreciados no depende de las horas que pasamos físicamente rodeados, ni del número de personas que tratamos, sino que procede de una idea simple: «Tenemos con quién comunicarnos espontáneamente».

De hecho, muchos idiomas poseen palabras diferentes para distinguir «estar solo» de «sentirse solo». Lo importante es la constancia de que, si lo requerimos, contamos con otros. Eso fomenta nuestro buen humor y, a su vez, nuestro buen humor favorece que los demás nos sientan próximos, aunque en un momento concreto no nos tengan a mano.

Ejercicios de reflexión

1. Dedica un espacio de unas dos horas a pasear por calles concurridas, sin prisas pero sin detenerte. Fíjate en la expresión y el aspecto que ofrecen las personas con las que te vas cruzando y medita sobre la siguiente pregunta: ¿por qué agradezco ser yo y no ser esa persona? Cuando regreses a casa, apunta todas las razones que recuerdes.
2. ¿Has sentido comprensión, compasión o simpatía hacia alguien mientras pensabas en el ejercicio anterior? Anótalo.
3. Ahora que sabes que pensando de una forma determinada puedes producir sentimientos, ¿cómo harás para producir

sentimientos positivos hacia los demás? Escribe un plan para hacerlo.

Ejercicios de acción

1. Busca una foto tuya antigua (preferentemente de tu infancia) y obsérvala atentamente, percibiendo quién eras entonces y todo lo que no sabías y ahora sabes.
   ¿Qué podrías decirle a esa persona –que eras tú– desde tu posición actual para ayudarla?
2. Explica a la persona que eres en la foto algún problema que entonces no sabías que ibas a vivir y lo que puede hacer para evitarlo o para no sufrir si es inevitable que suceda. Escribe las frases que has pensado al dirigirte a tu imagen.
3. ¿Cómo podrías disfrutar de ese sentimiento protector hacia ti mismo/a en otras ocasiones?
   Describe por escrito lo que podrías pensar para fortalecerte o consolarte en cinco situaciones cotidianas típicas.
4. ¿Te sentiste bien al pensar en ti de esta manera?
5. ¿Incorporarás definitivamente estos pensamientos a tu modo de interpretar la comunicación que mantienes con los demás?
6. Dibuja una caricatura de la persona con la que más problemas tengas, ponle un apodo ridículo a la imagen y contémplala siempre durante unos segundos antes de tener que tratar con ella. ¿Qué resultados obtuviste?

Estos ejercicios de reflexión y acción tienen dos importantes objetivos: el primero es reconciliarse con uno mismo; el segundo, controlar la percepción que se tiene del otro sin que cualesquiera que sean su actitud o conducta influyan en nuestro ánimo generándonos mal humor.

CAPÍTULO 7

El buen humor como aprecio

> Disculpen si les llamo caballeros, pero es que no les conozco muy bien.
>
> GROUCHO MARX

Todas las personas desean que los demás reconozcan su existencia, lo que equivale a decir que todos deseamos recibir aprecio. Si no se nos ofrece, buscaremos otras formas de aprecio para lograr el reconocimiento.

El aprecio es lo que nutre nuestras ganas de vida. Igual que un hombre en un desierto sediento es capaz de beber agua pútrida, nuestra necesidad de ese sustento es tal que quien carece de él prefiere obtener muestras de aprecio nocivas («Qué bien estás, nadie diría lo mayor que eres») o directamente hirientes (por ejemplo, el cinismo).

Las muestras de aprecio (también denominadas «caricias») no son algo abstracto; se sienten con y sin contacto, con una mirada, una sonrisa, una expresión cómplice o unas palabras halagadoras.

Lamentablemente, a menudo nos abstenemos de mostrar aprecio por vergüenza o miedo de ser «mal interpretados» («Se extrañará de que me fije en eso», «Creerá que quiero ligar», etc.).

Por otra parte, el intercambio de aprecio también está restringido debido a que nos cuesta recibir halagos sin responder con un agradecimiento automático; por ejemplo, si una persona le dice a otra: «Qué guapa te veo», ésta responderá automáticamente: «Será que me miras con buenos ojos» o «Si estoy muy cansada...».

Estas limitaciones convierten la amabilidad en un bien escaso. Pero ¿cómo podemos potenciar nuestro buen humor con afecto? Hacerlo implica un riesgo y un salto de las trabas tácitas que restringen el libre intercambio de atenciones. En realidad, son muchos los tabúes que impiden el libre intercambio de caricias: el homosexual, el heterosexual si no hay una relación establecida que las autorice, y el que impide que adultos y niños se acaricien si no pertenecen a la misma familia.

Parece existir la idea tácita de que, si se libera la economía de caricias, los seres humanos satisfechos dejarían de trabajar o de asumir sus responsabilidades. No obstante, es absurdo pensar que la libertad de caricias convertiría a las personas en seres indolentes; más bien al contrario, las personas arropadas con afecto están en armonía consigo mismas, con los demás y con la naturaleza, es decir, con el universo. Por ello, debemos dar y tomar aprecio, ya que nadie va a castigarnos.

Economía de aprecio

Qué duda cabe: el aprecio es un bien escaso. Claude Steiner propone que lo equiparemos al dinero. Hay ciertos paralelismos ingeniosos: el dinero es algo codiciado por todos, al igual que el aprecio. En realidad no tendría por qué faltar, pero el problema es que unos pocos atesoran la mayor parte y el resto se ven sumidos en la escasez.

Existen unos mandatos tácitos, forjados a fuerza de costumbres, para que las personas vivan en un ambiente en que el intercambio de aprecio sea un bien escaso. Éstas serían sus normas no escritas:

1. No des aprecio aunque lo sientas; no demuestres tu afecto libremente.
2. No pidas aprecio cuando lo necesites; disimula tu deseo de obtenerlo.
3. No aceptes aprecio aunque lo quieras; rechaza las caricias que otros te dan apenas te lleguen.
4. No rechaces las caricias falsas o despectivas que no quieras; si alguien te aprecia de una forma inadecuada, acéptalo igualmente.
5. No te des aprecio a ti mismo: «jactarse» está prohibido; la modestia es un gran valor y, en cambio, el hecho de alabarse y quererse suscita sospechas.

Como sucede con el dinero, la riqueza se multiplica y para el rico es fácil obtener más; el pobre, en cambio, tiene cada vez menos. Asimismo, las personas con poco aprecio entran en círculos de carestía; para hacer que el aprecio circule en su vida, deberían dar un mayor número de «caricias».

He aquí algunas ideas que fomentan la riqueza en aprecio:

- **Date aprecio interiormente.** Conecta con lo que sientes. ¿Aprecio cómo me siento en este momento? ¿Qué noto en el centro de mi ser? ¿Cómo me gusta esto? ¿Cómo saboreo más esto?
- **Pide aprecio, sin pudor.** «¿Puedes abrazarme ahora?» Promueve ocasiones y estimula a las personas dadoras de caricias: «¿Vendrás con los niños este fin de semana?».

  Acepta las caricias que te dan: «Sí, a mí también me ha gustado la imagen que me ha devuelto el espejo esta mañana». Por último, reparte caricias: «Me agrada tu compañía».

- **Rechaza las muestras de aprecio negativas (falsas, cínicas...).** «¿Le he pedido su opinión sobre mi edad?».
- **Piensa en términos de economía de aprecio.** ¿Qué espera o desea esa persona que alguien le haga?

Cuanto más aprecio damos, más tenemos

Mostrar aprecio es una de las cosas más gratificantes que podemos hacer. Sin embargo, la mayoría de las veces nos obstinamos en intentar que nos aprecien olvidando que la mejor forma para sentirse digno de aprecio es dándolo.

A menudo, consideramos que el aprecio genuino surge como producto de lo que los demás hicieron por nosotros y que, por tanto, es difícil o imposible apreciar a quienes no «han hecho méritos» para ello. Sin embargo, es posible. Empezamos por una simple decisión: «Acepto que una persona –porque lo es– ya es digna de amor».

Para que esto sea posible necesitamos compasión; es decir, simple y llanamente, empatía con todas las personas: sentirnos cerca de ellas como miembros de la raza humana, como iguales, compartir su dolor –que es paralelo al nuestro–, hermanados, ni mejores ni peores. Esta compasión, que es la semilla de nuestra riqueza en amor, se encuentra más allá del orgullo, la vanidad y el miedo; implica una palabra que suena difícil: el perdón.

El perdón nos dignifica y nos capacita para amar en las circunstancias más adversas, es el fruto de la verdadera compasión. Los dos grandes obstáculos que hemos de vencer para perdonar son el miedo y la ira, que subyacen anclados en nuestro interior como resultado de cuanto sufrimos tiempo atrás.

¿Y el aprecio fingido?

> Hay cosas en la vida más importantes que el dinero. ¡Pero cuestan tanto!
>
> GROUCHO MARX

El aprecio no genuino es una maniobra egoísta; quien lo recibe, intuye normalmente que es artificial. Como una bebida que no quita la sed.

Si lo que deseamos es riqueza en aprecio, debemos evitar caer en el error de apreciar a los demás por lo que deseamos recibir. Dar para recibir es más un intento de intercambiar que puramente dar. Los rasgos de amabilidad en verdad valiosos son aquellos que se ofrecen sin esperar nada, de forma desinteresada, casi «anónima».

Un ejemplo de la contaminación del «dar para algo» se encuentra con frecuencia en el amor romántico, pues se contamina del ardiente deseo de recibir. El enamoramiento requiere apasionadamente la respuesta del amado, pero no así la amistad. En ocasiones, todos intentamos dar aprecio mostrando ciertas expectativas y, si reparamos en ello, descubrimos lo que esperábamos a cambio.

A continuación listamos algunos ejemplos de aprecio fingido y caricias inadecuadas que, aunque inicialmente puedan parecer agradables, en realidad son perjudiciales:

- «Ya han vuelto a hacerte llorar, como siempre; quédate conmigo, pobrecito, y yo te cuidaré»: aparentemente ofrece apoyo, pero el mensaje principal mina la confianza de la otra persona.
- «¡Pobrecita! Han vuelto a reírse de ti»: aunque aparentemente conlleva afecto, este tipo de caricias sólo fomenta la vulnerabilidad y mina la autoestima del otro.

- «Sólo tú puedes ayudarme»: este tipo de caricias sobrevalora al otro incitándolo a asumir responsabilidades o riesgos poco realistas.
- «¡Eres impresionante, menuda destreza tienes timando a la gente!»: refuerzan comportamientos indeseables.
- «Eres mi mejor cliente; te lo regalaría, pero tengo que vivir»: sirven para adular; son caricias positivas que no se sienten pero se dan por un interés extrínseco a la persona (generalmente de tipo material).
- «Te conservas bien para tu edad, querida»: son caricias agresivas disfrazadas de positivas.

Aprecio de curso legal

Lo mejor que podemos ofrecer somos nosotros mismos: nuestra verdad, nuestra espontaneidad, nuestra esencia, más allá de juegos trillados. Una persona auténtica se abre en esencia y, al darse a sí misma sin interés alguno, se siente feliz. Aunque suene pasado de moda, la calidad de una persona viene dada por esa autenticidad y conciencia de los sentimientos propios y ajenos.

Ésa es la auténtica belleza interior: ¿Contemplas la repercusión que tus actos tienen en la vida y los sentimientos de los demás? ¿Por qué no nos animamos y superamos la escasez de aprecio? Si todos lo deseamos y nos es gratuito darlo, ¿por qué resulta tan raro?

Una de las razones es que al abrirnos nos exponemos. Cada uno de nosotros se ha sentido contemplado con afecto, pero también con odio. La mirada nos despierta, como el tacto, sentimientos sólidos. Mirar a los ojos de otra persona nos permite ver su interior. Es un intercambio de energía e implica eludir la prohibición tácita de «Tú no atisbes en mi intimidad y yo no miraré en la tuya».

Al darnos, nos mostramos vulnerables. Y eso impone respeto.

A continuación, listamos una serie de ejemplos de caricias totalmente adecuadas:

- Transmiten aceptación incondicional: refuerzan a la persona por el mero hecho de ser ella misma, por existir (por ejemplo, dar un beso o llamarle «cariño»).
- Transmiten desestimación por el otro: niegan a la persona simplemente por ser quien es (por ejemplo, evitar mirar al otro a los ojos o decirle: «No te quiero»).
- Transmiten premios por comportamientos concretos: constituyen una forma de intentar manipular la conducta del otro (por ejemplo, decir frases como: «¡Qué listo eres! Aprobaste el examen» o «¡Eres una joya! Dejaste el baño reluciente»).
- Transmiten correcciones a la conducta del otro: son preferibles cuando señalan lo que debe hacerse y menos deseables cuando prohíben o indican lo que no hay que hacer (por ejemplo, «Acuéstate a las 11», en lugar de «No trasnoches»).

¿Podemos dar demasiado aprecio?

Nadie aprecia demasiado si su amabilidad es sentida. Cuando hablamos de personas «demasiado amables», en realidad nos referimos a las «falsamente amables». La falsa amabilidad es una forma de manipulación, un medio más o menos inteligente de conseguir algo de los demás.

La antipatía es la antítesis de la amabilidad; implica intolerancia, frialdad, dureza y desprecio hacia los demás. En situaciones límite de conflicto puede resultar útil ser antipático. Quien interviene inicialmente con dureza presiona para defenderse de modo eficaz. Pero, a la larga, la dureza redunda en un deterioro de la relación y en la predisposición contraria del oponente.

¿Amables nacemos o nos hacemos?

Para algunas personas, el hecho de expresar ternura y aprecio constituye un problema, pues no aprendieron cómo. Por el contrario, a otras les resulta fácil expresar ternura, pero no mostrar su disconformidad o rabia. Esto enturbia sus expresiones de afecto, igual que las nubes un día húmedo.

Para poder «amar de verdad» la persona ha sentirse en primer lugar capaz de «oponerse de verdad», pues una aceptación automática y falsa es una compulsión acumuladora de hostilidad.

Nuestro objetivo consiste en intentar establecer el equilibrio interno: amabilidad para aceptar y vivir en armonía y fuerza para una firme oposición. «Estar abierto y a la vez mantener los propios límites» es el punto satisfactorio.

Recibir aprecio

Con frecuencia, rebotamos el aprecio que nos dan o somos tacaños con el nuestro. En realidad, nos cuesta trabajo aceptar que alguien pueda amarnos a pesar de cómo somos, o a cambio de nada.

Sin embargo, es posible acostumbrarse a absorber el amor, a dejar que entre en nuestro interior igual que una planta deja que el agua se filtre a través de la tierra: la tierra seca es menos porosa; la tierra acostumbrada al agua es más esponjosa y facilita la absorción. Si poco a poco entramos en un contacto consciente con las múltiples formas en que el universo, la vida, y los demás nos aprecian, nos abriremos al aprecio.

Nos aprecia el rayo de sol que nos baña la cara y también la gota de lluvia que nos moja. Nos aprecia el viento que nos roza y el aire que nos atraviesa y arde en nuestro interior cada vez que respiramos.

Nos aprecia nuestro propio corazón cada vez que late, constante y entregado a la tarea de mantenernos vivos a pesar de todo.

Nos aprecian los perros con los que nos cruzamos y nos miran, pero también los que nos ladran.

Nos aprecia incluso el conductor que toca airado la bocina, porque quizá no se siente capaz de apreciar de otras formas.

Está en nuestra mano apreciar cuanto la vida nos da; por ejemplo, aquí y ahora, aprecia el trabajo de las personas que te han permitido estar como estás, donde estás y de la forma en que estás.

Todos deberíamos estar profundamente agradecidos al resto de seres humanos, a los que están y a los que estuvieron antes, y quizá eso nos hiciera respetar a los que aún han de llegar.

Nos tenemos unos a otros. Somos ricos el día en que aprendemos a apreciar que nos tenemos.

Preguntas, guiños, frases de cariño, besos, notas, regalos, detalles, llamadas, sonrisas, abrazos, bromas, esperas, respuestas ingeniosas, verdades, miradas, confianzas... Eso es lo que nos llevaremos del viaje que empezamos cuando nos conocimos. Lo único.

Así que, si puedes, haz feliz a alguien ahora, aquí mismo. Da y deja que te den aprecio: no desperdicies la ocasión.

Ejercicios de reflexión

1. Cita cinco tipos de muestras de aprecio que puedes obtener en tu vida cotidiana.

   Anota cada una de ellas tal y como se indica a continuación:

DADOR	CARICIA	TIPO
1)		
2)		
3)		
4)		
5)		

2. Cita cinco tipos de muestras de aprecio que puedes ofrecer en tu vida cotidiana. Escribe los resultados:

	RECEPTOR	CARICIA	TIPO
1)			
2)			
3)			
4)			
5)			

Compara lo que das y lo que recibes, y piensa qué harás para mejorar los resultados de tu balance.

3. Piensa en una persona a la que aprecias e imagina cinco gestos de aprecio concretos que sabes que desea recibir de ti. En este caso, el objetivo es llevar al plano consciente lo que te están pidiendo las personas que te rodean.
4. Piensa en una persona con la que tus relaciones han de mejorar e imagina cinco gestos de aprecio concretos que sabes que desea obtener de ti. El objetivo es tomar conciencia de lo que te están pidiendo las personas con las que tu comunicación falla.
5. Dedica 5 minutos a imaginarte ofreciendo cada una de las caricias que has pensado en los puntos 3 y 4, con el máximo detalle posible y por difícil o forzado que te resulte. A continuación, escribe las sensaciones reveladoras que has vivido durante el último minuto que hayas dedicado a cada una de ellas. Este ejercicio puede realizarse en dos sesiones de 50 minutos cada una. Para finalizar, escribe con detalle cómo te has sentido. El objetivo que guía esta práctica es conocer qué sentimientos auténticos y positivos que normalmente no suelen aflorar has descubierto en tu interior.

Ejercicios de acción

1. En los próximos días y en las situaciones cotidianas que vives, procura dirigirte a las personas con las que te cruzas (y sea adecuado) con una sonrisa natural. Anota las sensaciones nuevas que has tenido y las reacciones que has observado. El objetivo es reconocer que la actitud de los demás es un eco de la propia.
2. Completa las siguientes frases dejando que se muestre el niño que habita en ti, dando rienda suelta a la fantasía y escribiendo el primer disparate que se te ocurra. El objetivo es aprender a expresar la forma de pensamiento emocional o con tendencia al disparate que habita en tu interior y, sobre todo, aprender a prescindir del «qué dirán» si un buen día te apetece, efectivamente, dejarlo salir.

Podría gastarle una broma ingenua a ....
con sólo decirle ....

A .... le llamaría mucho la atención que le preguntase ....

Para divertirme podría atreverme a..........................
.... se sorprendería si le pidiese ....

Un nuevo aspecto totalmente insólito que podría sentarme bien sería ....

Todas las noches debería repetirme..........................
diez veces antes de dormir.

Mi vida cambiaría radicalmente si..........................

Si pudiera hacerme invisible durante 24 horas..............

La tontería más grande sería intentar ....

Mi programa de televisión en horario de máxima audiencia se titularía

«..»

Desafiaría a la multitud empezando a........................

Tengo una idea especialmente sorprendente:................

La mayoría de las personas nunca lograrían entender que yo..

Lo más gracioso que podría pasarle a........................
es ....

Lo más gracioso que podría pasarle a mi madre es ....

Lo más gracioso que podría pasarme es ....

Si estuviera libre de consecuencias haría....................

Si tuviera todos los gastos pagados haría....................

A un marciano le sorprendería..............................

Sería divertido intentar ....

Mi cuento preferido es...

No puedo contener la risa cuando............................

Me haría mucha ilusión ....

Si nadie fuera a llamarme loco/a por ello, un día ....

Nadie creería que yo ...., pero es cierto.

Tendría mejores amigos si ....

3. Anota diez usos que podrías darle a una botella de leche vacía y luego lleva una de ellas a la práctica (puedes partirla o modificar su formato). El objetivo es liberar tu propia creatividad.

Una vez más, te invitamos a que reflexiones sobre el estado de ánimo positivo y el valor que tiene una sencilla sonrisa, ayudándote con pensamientos e ideas de diversas fuentes y procedencias.

Frank Irving Fletcher redactó el siguiente texto para un anuncio publicitario:

> No cuesta nada, pero crea mucho.
>
> Enriquece a quienes la reciben sin empobrecer a quienes la dan.
>
> Ocurre en un abrir y cerrar de ojos y su recuerdo dura a veces para siempre.
>
> Nadie es tan rico que pueda pasarse sin ella, y nadie tan pobre que no pueda enriquecerse por sus beneficios.
>
> Crea la felicidad en el hogar, alienta la buena voluntad en los negocios y es la contraseña de los amigos.
>
> Es descanso para los fatigados, luz para los decepcionados, sol para los tristes y el mejor antídoto contra las preocupaciones. Pero no puede ser comprada, pedida, prestada ni robada porque no rinde beneficio a nadie, a menos que se brinde espontánea y gratuitamente.

Y si en la extraordinaria afluencia de público en el momento de las últimas compras navideñas alguno de nuestros vendedores está demasiado cansado para darle una sonrisa, ¿podemos pedirle que nos preste usted una de las suyas?

Porque nadie necesita tanto una sonrisa como aquel a quien no le queda ninguna que dar.

¿A que te ha resultado una lectura reveladora y estimulante? Sabemos que sí, y sobre todo que, la próxima vez que necesites aligerar el ánimo o el clima en tus relaciones, sonreirás.

CAPÍTULO 8

El buen humor como sentido común

> No se tome la vida muy en serio,
> no saldrá con vida de ella.
>
> ANDRÉ MAUROIS

Todos disfrutamos de un buen chiste; sin embargo, lo más adecuado, aunque difícil, es reír de los reveses de la vida, de las dificultades y de la injusticia que a veces nos rodea. Esta práctica resulta muy útil, pues la distancia entre lo que deseamos o prevemos y lo que en realidad sucede es, a menudo, abismal.

Para afrontar nuestra ineludible realidad, el sentido del humor resulta un paracaídas imprescindible. De hecho, nuestro verdadero humor radica en el sentido común, por lo que está al alcance de todas las personas. Sin embargo, nos servirá más bien de poco si no sabemos desplegarlo.

¿Cómo aprendemos a emplear este fantástico paracaídas? A continuación, te mostramos las cuatro «instrucciones» básicas para el empleo del sentido común.

Primera instrucción del sentido común

La primera ley del sentido común se resume en el principio siguiente: «Las personas y las cosas son y serán como son, no necesariamente como yo deseo que sean (y aunque pierda la calma, no importa cuánto, seguirá siendo así)».

En realidad, si las contemplamos a largo plazo, las cosas que más nos contrarían se convierten a menudo en nuestras mejores oportunidades. Así pues, el sentido común nos insta a moderar nuestra reacción, absteniéndonos de conclusiones precipitadas.

Con las sencillas costumbres que se apuntan a continuación, sustituiremos impulsividad por sabiduría:

- **Eliminar la preocupación.** Confecciona una lista con todas las cosas negativas, desesperantes y terribles que te es imposible evitar bajo el encabezamiento: «Así estoy»; con el paso del tiempo, su contenido te parecerá cada vez menos terrible.
- **La vida da muchas vueltas.** Busca una frase que te ayude, desde «Quien ríe último ríe mejor», pasando por añadir un «ja, ja» impasible a cualquier decepción, hasta una corta plegaria como los siempre positivos «Así sea» o «El tiempo dirá».
- **Tararear una tonadilla.** La idea que más nos entristece, encoleriza o angustia es una exigencia en verdad muy graciosa. Si tomamos la música de cualquier melodía popular, copla, villancico, anuncio o canción de cuna, podemos ponerle la letra de esos pensamientos exigentes e irracionales que nos dañan. Por ejemplo, mientras nos desesperamos buscando aparcamiento, cambiamos la letra de la canción napolitana «Questa piccolissima serenata» por: «Merecen un castigo, merecen morir, porque no me dejan aparcar a mí...». Al escucharnos cantando las ideas

que nos hacen sufrir, entonces caemos en la cuenta de lo absurdas que son.

- **Bailar.** Elige cualquier ritmo que te permita mover las caderas rítmica y desenfrenadamente: es imposible sentirse abatido mientras descargamos las tensiones. Al igual que otros animales, cuando sacudimos «la cola» nos sentimos eufóricos, ya sea al son de música afro, salsa, sevillanas, rumba...
- **Sonreír.** Está comprobado que el simple acto de sonreír permite que nos sintamos aliviados. Eleva primero la comisura izquierda, así la derecha ascenderá más fácilmente.

Segunda instrucción del sentido común

Podemos resumir la segunda ley mediante el principio siguiente: «Si decides exagerar, hazlo a conciencia y bien (si no, es mejor que te abstengas)».

Somos proclives a exagerar porque circunscribimos nuestras apreciaciones a un marco de referencia único y, de ese modo, nuestros razonamientos se malversan en confirmar lo que ya hemos dado por cierto en lugar de pensarlo realmente.

La importancia que otorgamos a las cosas es decisiva; si lo reconocemos, ese hecho tiene una parte positiva. Cualquier objeto, por ejemplo, puede ser una obra de arte si hay alguien dispuesto a pagarlo como tal. De ahí que una forma perniciosa y muy difundida de exageración consista en hacer una valoración global de las personas, pues las valoraciones globales son siempre una fuente de decepción.

Así pues, la importancia de cualquier cosa depende en gran medida de la importancia que se le concede. Exagerar puede ser enormemente útil cuando se hace a conciencia, pero pernicioso cuando se hace por la imposición de un marco previo, como la opinión ajena o los prejuicios propios. A continuación, mostramos unas breves instrucciones para exagerar «correctamente»:

- Narra el problema imitando a un personaje con un marcado acento y en voz alta, cuanto más gracioso mejor, como por ejemplo el pato Donald en un incontenible ataque de furia.
- Regresa a tus cinco añitos. Cuando algo te disguste, patalea, llora desconsoladamente y llama a tu mamá. Basta emplearse cinco minutos en esa catarsis regresiva para evidenciar que el mundo no se acaba (en cualquier caso, las primeras veces es mejor abstenerse de realizar el ejercicio en un lugar concurrido).
- ¿Cómo viviré con esto? Paródiate quejándote durante quince minutos a través de un monólogo en el que expliques por qué la situación no puede ser más desoladora y dramática.
- Redacta una crónica del tipo «Repercusiones que tendrá esto dentro de cien años» y luego escribe tus conclusiones.

Tercera instrucción del sentido común

El principio de la tercera ley es el siguiente: «El mundo está lleno de paradojas (y la mayor parte de los problemas los genera una "solución")».

Si miramos a nuestro alrededor, descubriremos que lo raro en los seres humanos es que estemos satisfechos, pues en general tendemos a desear sistemáticamente lo que no tenemos.

Las cosas que perseguimos parecen rehuirnos y aquellas de las que huimos nos persiguen. Por ello, los esfuerzos que invertimos en las relaciones humanas tienden a ser contraproducentes, empeorando las cosas de forma absolutamente paradójica. Basta, por ejemplo, mostrar prisa por vender algo para que el interés del posible comprador disminuya de forma inversamente proporcional.

La única forma de superar esta «adversidad constante» radica en darle la vuelta, aprendiendo a ver las ventajas que hay en las desventajas y comprendiendo que no debemos preocuparnos de lo que piensan de nosotros, pues casi nadie lo hace. Y eso, como todo, tiene un pro y un contra. El problema es que a veces hace falta cierta frialdad para reconocerlo.

A continuación se listan algunas ideas para dar la vuelta a las adversidades:

- **Mala noticia/buena noticia.** Cuando te enfrentes a una mala noticia (que tu perro destroza el periódico todas las mañanas), piensa en una buena (que tu perro intenta estar informado) para expresarlas juntas. Si bien a menudo se carece de una buena noticia, casi siempre se encuentra una cómica.
- **Defensa personal mental.** Los golpes de los demás pueden emplearse en beneficio propio –como en muchas artes marciales– dejando de oponer resistencia y aprovechándolos así en beneficio propio: «Usted opina que no destaco por mi belleza, pero Dios prefiere a las mujeres que tenemos un aspecto normal. Por eso ha hecho tantas».
- **Avivar el fuego.** Consiste en no sorprenderse ante las reacciones negativas de los demás, sino –por el contrario– divertirse con ellas. ¿Alguien está escuchando a hurtadillas nuestra conversación? Podemos continuar hablando con naturalidad empleando un lenguaje en clave: «Aún no han llegado los planos, pera esta tarde contactarás con X-567 para el asunto meteoro». Se trata de una técnica que debe ser sutil, pues sólo tiene gracia si la otra persona no se lo espera.

Cuarta instrucción del sentido común

Su principio es el siguiente: «Si lo pensamos bien, siempre existen posibilidades (si dejamos de limitar nuestra mente, vemos que todo se amplía)».

Todas las reacciones creativas parecen en primera instancia absurdas, pues constituyen maneras no probadas anteriormente, a veces impensables.

Usar el absurdo permite enfocar las cosas de una forma diferente, aunque sea a través de una tontería, y así cambiar el curso de los acontecimientos a mejor.

Las reacciones nuevas y originales son por definición infinitas. Aun así, veamos unos ejemplos:

- **Hacer el payaso a propósito.** Basta con añadir seriamente un pequeño detalle, como por ejemplo: un tic facial inverosímil cada quince segundos; colocar la punta de los pies hacia dentro aparentando naturalidad; usar calcetines desparejados; peinarse de forma exagerada y distinta, etc. Verás como este tipo de detalles reducen drásticamente algunas reacciones hostiles.
- **Recordatorios escritos.** Redacta notas ingeniosas que planteen las cosas de un modo sorprendente. Por ejemplo, dejar una nota en una máquina que funciona según su «propia voluntad» en la que se lea: «Cuando no quiero funcionar, no me golpee o reaccionaré aún peor».
- **Plantearse «¿Y si...?»:** Esta pregunta favorece la creatividad, pues ayuda a enfocar de modo más original las circunstancias, las personas y las cosas.

A continuación, te ofrecemos unas recetas sencillas y muy útiles para disfrutar de un buen humor.

Si usas tu sentido del humor te darás cuenta de que...

- Si alguien no puede reírse de algo, tiene una cuestión a analizar con ello.
- Si alguien no puede reírse de sí mismo, en el fondo se considera demasiado terrible.
- El sarcasmo o la burla humillante son producto del mal humor, no del bueno.
- Las cosas de las que a uno más le cuesta reírse son aquellas que pueden provocarnos más risa: las que más nos afectan.
- Para practicar el buen sentido del humor, es indispensable moderar las reacciones propias.
- La gravedad de las dificultades depende en gran medida de la importancia que les concedemos.
- En sentido estricto, nos rodea la relatividad.
- Según una larga y profunda experiencia, el buen humor funciona (desafortunadamente, esa experiencia se adquiere después de haberla necesitado).

Consejos para pasar un día divertido

- Desayuna escarabajos, hoy no puede ocurrirte nada peor que eso. Si no tienes escarabajos disponibles, conténtate pensando que te has librado de comerlos.
- Pregúntate cada media hora: ¿Me divierto?, ¿qué tiene esto de divertido?, ¿qué podría tener de divertido?

- Recuerda que, cuando te parece que estás demasiado ocupado para reírte, realmente lo estás.
- Cuando trates con alguien, ten en cuenta que no hay dos personas iguales, lo cual casi siempre alegra a ambas.
- Nunca intentes enseñar a cantar a un cerdo: pierdes el tiempo y molestas al animal.
- Sonríe a la mínima ocasión: recuerda que, cuando tus labios dibujan una línea curva, muchas otras cosas se enderezan.
- Carcajea cuando lo desees sin preocuparte por lo que piensan de ti, pues apenas piensan en ti.
- Si aun así tuviste un mal día, duerme feliz, pues cuanto más caótica es una situación más gracia se le suele encontrar con el tiempo. Sólo has de dejar pasar el tiempo suficiente.

SEGUNDA PARTE

La práctica del buen humor

CAPÍTULO 9

Usemos nuestro buen humor

(El buen humor: un champú interior fabuloso)

> Si quiere una vida feliz, únala a una finalidad o misión que no dependa de personas o cosas.
>
> ALBERT EINSTEIN

Como aquel borracho que intenta dar con su casa sabiendo que tiene una, vagamos en ocasiones en busca del humor sin tener una idea clara de por dónde empezar. El humor es algo inherente a casi todos nosotros, algo que nos acompaña siempre, aunque a veces se trata de un potencial latente. El buen humor es un flujo interior de energía sutil, agradable e innata que podemos presentir en momentos dichosos. Una vez desvelado sentimos el placer de ser nosotros mismos, de mantener la serenidad más allá de los sobresaltos, de jugar con el ingenio, de potenciar el realismo, de aumentar nuestro poder, de pulir nuestra más sensata autoestima y sabernos interiormente cuerdos, seguros y sanos. Esta segunda parte trata de cómo logramos avivar en nuestro interior algo tan conveniente, una tarea que depende sólo de nosotros mismos.

Todos sabemos cuántas veces nuestra mente, llena de exigencias, resentimientos, críticas y ambiciones, se convierte en nuestro principal enemigo. Mientras nuestra cabeza esté sucia con todos esos desechos que nos tensan y nos hacen sufrir innecesariamente, estaremos lógicamente de mal humor. El humor lava nuestra mente, la habilita para pensar de un modo distinto y mejor, encajar lo difícil de aceptar, comprender, adaptarnos y, en suma, para mantenernos más satisfechos y sanos.

Si bien casi todos nos lavamos la cabeza con agua y champú por fuera, la costumbre de asear y acondicionar nuestra cabeza por dentro resulta menos habitual. El buen humor nos sirve para conseguirlo, pues hace las veces de «champú interior» mediante cuya aplicación limpiamos y mejoramos nuestros pensamientos, sentimientos y sensaciones. Gracias al uso regular del humor reconocemos y revelamos las siguientes cualidades en nuestra mente:

- **Limpieza.** Detectamos nuestras manías y nos deshacemos de ellas riéndonos de nosotros mismos.
- **Suavidad.** Advertimos nuestra «tendencia a reaccionar», moderándola y calmándola hasta volverla finísima.
- **Brillo.** Pulimos lo innecesario de nuestros pensamientos y sentimientos, y asumimos el papel de guionistas de la gran obra que es nuestra vida.
- **Estructura.** Nos reímos de exageraciones y locuras, e identificamos pretensiones prescindibles.
- **Fuerza.** Nos defendemos de modo ágil, ingenioso y expeditivo, y adquirimos una sorprendente capacidad de reírnos, burlando las necedades de nuestro entorno.
- **Nutrición.** Adoptamos el hábito de recrearnos, y alimentamos nuestros resortes para bromear acerca de todo cuanto resulta inútil o contraproducente.
- **Flexibilidad.** Revelamos la vertiente cómica de cuanto otros murmuren o critiquen de nosotros o de nuestra imagen.
- **Seguridad.** Colocamos en su justo lugar las preocupacio-

nes sobre lo que nuestra mente nos dice que podría suceder, pero que no ha sucedido o tal vez nunca suceda.

- **Salud.** Nos crecemos al enfrentarnos a las catástrofes que el destino nos depara y somos capaces de darles la vuelta.

¿Para qué sirve el buen humor?

> No hay espíritu bien conformado
> al que le falte el sentido del humor.
>
> SAMUEL T. COLERIDGE

El buen humor constituye una disposición energética que habita en nuestro interior, gracias a la cual las cosas del mundo visible e invisible mejoran su cualidad en nosotros. Su esencia nos conecta con cuanto de bueno, divertido, absurdo y cómico existe, bien sean ideas, pretensiones, conflictos, curiosidades, absurdos o anécdotas. Así, el buen humor conforma nuestra «energía positiva», la que nos dota de firmeza, inmunidad y claridad ante los contratiempos, estupideces y problemas que nos asaltan.

Esta *disposición energética beneficiosa* discurre de modo sutil en nuestro interior. Aunque permanezca ignorada, es conocida desde la antigüedad y en las culturas más diversas: es el *prana* del Ayurveda, el *qi* de la medicina tradicional China o el *pneuma* de la antigua Grecia. Se considera la energía que relaciona nuestro cuerpo con nuestro espíritu. El cauce principal de esta energía fluye próximo al del centro de nuestro sistema de glándulas endocrino y los plexos nerviosos, a lo largo de la columna vertebral, favoreciendo nuestro bienestar físico, mental, emocional y espiritual.

Así, el paulatino aumento de nuestro caudal de buen humor nos permitirá vivir de modo más controlado, sensato, constructivo, armónico, compasivo, cordial, pacífico e ingenioso. Nuestro estado anímico evidencia que el buen humor fluye en nosotros, y se irradia desde el corazón. A medida que su fuerza se acrecienta, nos damos más y más cuenta de cómo muchas escenas de la vida diaria nos brindan oportunidades hasta ahora insospechadas para sonreír y reír. La misión es que su poder se adueñe de nosotros y lo transpiremos por todos los poros, purificando el ambiente a nuestro alrededor.

El fomento de esta energía del buen humor depende única y exclusivamente de nosotros mismos. A medida que permitamos que la energía del buen humor fluya más y mejor en nosotros, con naturalidad, abandonaremos exigencias y prejuicios irracionales, apreciando nuestras circunstancias. Su flujo nos otorga un carisma que mejora y eleva nuestra existencia. El empleo continuado del buen humor deviene así, a partir de cierto momento, en una virtud que nos dota de fuerza interior y nos ennoblece.

«¿Y qué?», ésa es la cuestión

> Si logras reírte de tus problemas, puedes estar seguro de que siempre tendrás algo de qué reír.
>
> RICHARD MOORE

¿Y qué? Esta pregunta funciona como componente esencial del buen humor o «champú interior», pues libera nuestro pensamiento de exigencias, pretensiones, fantasías, ansias de grandeza, preocupaciones, victimismo, codicia, rabia y fanatismo, así como de multitud de otros residuos mentales; es decir, de casi toda la porquería que tiende a depositarse en nuestra mente.

Cuando nos aplicamos al uso práctico del buen humor, nuestra atención crea una dinámica. Al principio nos cuesta más avanzar, y los primeros cambios en nuestro entorno tardan algo en llegar; sin embargo, poco a poco y a ritmo creciente, se ponen en marcha algunas rutinas. Así, gracias al hábito, podremos interpretar, sentir y actuar de modo más humorístico con cada vez mayor facilidad. Una vez hemos generado la costumbre, todo fluye de modo más natural y sencillo. A medida que lo practicamos, el cauce del buen humor se va intensificando como una rodera.

Además, las personas que nos rodean van poco a poco asumiendo que disfrutamos de buen humor, lo cual las predispone a tratarnos de una manera acorde con ello. Esperan de nosotros una actitud humorística, así que por una suerte de «profecía autocumplida» contribuyen a que la energía del buen humor prenda y sea más asequible para unos y otros.

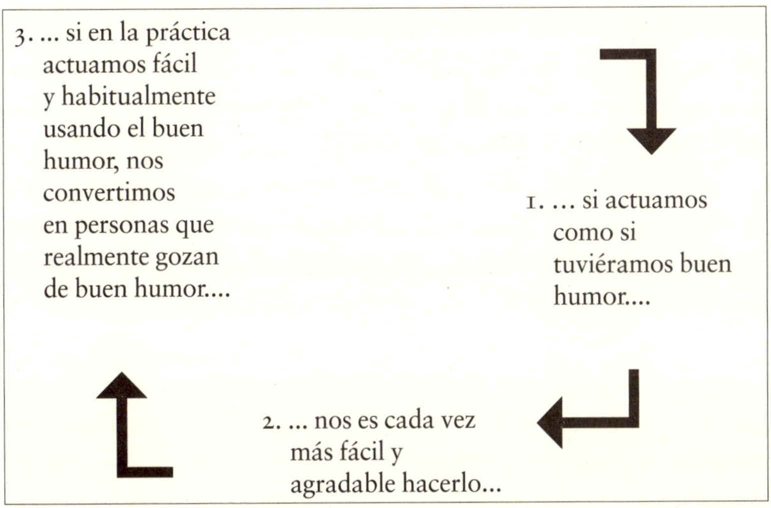

Estas tres ventajas crean una dinámica que se retroalimenta por lo que, si bien al principio los avances serán menos visibles, a medida que perseveremos en el intento de adoptar un enfoque humorístico se convertirá en un hábito cómodo, asumido y cada vez más grato.

El empleo de la respiración

> Hacer reír no es un arte, es una ciencia. Los humoristas escriben sus mejores obras cuando ya no son jóvenes, cuando la ponderación sustituye al ímpetu.
>
> PITIGRILLI

Hemos visto que el buen humor funciona cual fluido que circula en nuestro interior de forma constante, aunque pase desapercibido. Así, al centrar nuestra atención en él sus efectos aumentan. Nuestros «momentos humorísticos» sublimes son aquellos en los que hemos enfocado intuiciones, ocurrencias y recuerdos idóneos intensificadores del «arroyo» del buen humor. Cuando nos embarga, todos sabemos identificar la sensación de soltura o espontaneidad que anticipa una ocurrencia humorística: simplemente brota, se desliza y mana desde nuestro ser con suma facilidad.

Si despejamos el cauce del buen humor distendiéndonos, éste aumenta. Sabemos que, cuando relajamos nuestra mente, nuestro cuerpo tiende a distenderse. Así, soltándonos, tomamos las cosas con mayor relatividad y las aceptamos tal como son, sin oponer resistencia. Cuando acondicionamos nuestra cabeza empezamos a despejar el camino, el desfiladero, para que el buen humor transite con fluidez. Se trata de que «desaprendamos» todas las tensiones innecesarias y los desperdicios anclados en nosotros. ¿Qué podemos hacer para predisponernos en este sentido? Si aprendemos a hacerlo de modo adecuado, es posible recargar la energía del buen humor en cada respiración. Al inspirar, debemos *retener* la energía en el aire, enviarla hacia lo más profundo –en dirección a la médula ósea– y contraer la musculatura de los esfínteres, en el suelo pélvico. En cada espiración abandonaremos las *tensiones innecesarias*, los *discursos* y las *emociones automáticas, dejándo-*

las salir como si nos *limpiáramos interiormente* de todo lo superfluo.

El cultivo de esta agradable técnica respiratoria nos permite integrar y atesorar energía y, si nos aplicamos con atención sostenida desde el primer momento, da frutos maravillosos; si además perseveramos a lo largo del tiempo, sus efectos se acumulan. En cada uno de los ejercicios propuestos a continuación aplicaremos esta técnica de recarga de energía, que nos permite condensar lo positivo al inspirar y despojarnos de lo negativo al espirar; con ello reafirmamos la eficacia de cada ejercicio y nos acostumbramos a practicar este saludable hábito en cualquier lugar y momento del día.

Cómo disfrutamos cargando nuestro buen humor

> La mitad de la alegría consiste en hablar de ella.

Para que nuestra práctica surta efecto, será útil que respetemos estos tres principios:

1. **La constancia.** Conviene que aumentemos gradualmente la cantidad e intensidad de los ejercicios. Como en todo entrenamiento físico, es preferible que nos propongamos metas alcanzables, ejercicios asumibles cuya duración y profundidad aumentaremos gradualmente. Es preferible practicar los ejercicios al alba, al anochecer o en ambos casos. Suele resultar más factible realizarlos por la mañana por haber menos distracciones, pero con el tiempo y la práctica éstas nos influirán cada vez menos.

2. **La compañía.** El humor fluye y hace vibrar a otros por contagio, afectando a cuantos están próximos. Aunque nos entrenemos y preparemos a solas, los ejercicios dan más fruto si los practicamos con el ánimo de beneficiar también a nuestro entorno. El sentido del humor es un deporte que se practica en compañía. Ésta es la razón por la que los libros de chistes raramente provocan carcajadas: el humor compartido resulta más gratificante que la simple lectura o el pensamiento. Si practicamos, encontraremos colegas que nos acompañarán en la divertida empresa de avivar el buen humor; intuiremos a las personas «receptivas», al igual que ellas nos reconocerán sin mediar palabra.

   Observemos que, en una reunión donde se cuentan chistes, la gente acaba riéndose –por inercia o por contagio– incluso de los chistes malos. Tenemos ganas de reír y carcajear, y una vez arrancamos, cualquier excusa nos sirve. Es la inercia de la energía interior, que una vez avivada arrastra fácilmente todo lo demás.
3. **La celebración** de nuestros avances en cuestión de humor, los cuales reconocemos y expresamos como nuevas facultades que se incorporan a nuestra personalidad en forma de ideas, costumbres, sensaciones, intuiciones, ocurrencias felices y todo cuanto de humorístico adquiramos. Es recomendable que, una vez finalizada una sesión de ejercicios prácticos, la valoremos y nos felicitemos por la adquisición de un hábito gracias al cual hacemos acopio de buen humor. Este hecho en sí es fuente de muchas alegrías ya que, como cualquier otro hábito físico, nos resultará cada vez más espontáneo, natural, fácil y eficiente.

Ejercicio de acción 1. Flujo interior del champú

- **Procedimiento: cómo atesoramos energía.**
  - Buscamos un lugar tranquilo al que podamos acudir con asiduidad, preferiblemente a la hora del alba y del ocaso. Colocamos una toalla, una manta plegada o un almohadón para sentarnos en el suelo con las piernas cruzadas.
  - Sentimos cómo todo nuestro cuerpo se activa y se eleva desde el canal de energía que lo recorre a lo largo de la columna vertebral, en lo más profundo del tronco, el cuello y la cabeza: desde la base del coxis hasta la parte superior de la coronilla.
  - Imaginamos que un hilo invisible tira del punto más alto de nuestro cráneo en dirección ascendente, y observamos nuestro vientre como espacio interior; acercamos la punta de la lengua al paladar y cada vez que inspiramos contraemos la musculatura del suelo pélvico, encargada de cerrar los esfínteres. Este proceso nos permite acumular energía.
  - Centramos la atención en la energía que se va almacenando en nuestro vientre y observamos su movimiento ascendente cada vez que inspiramos, dejando que se adhiera a lo más profundo de nuestro ser con cada inspiración. Aprovechamos cada espiración completa y conscientemente para expulsar todo lo negativo, superfluo o innecesario.
- **Ventajas.**
  - Con la práctica de este ejercicio nos sentimos más vitales y cargados de energía.
  - Recuperamos la sensación interior de conexión con nuestras experiencias.

- Desplegamos nuestro ser elevándolo por encima del cuerpo y la mente.
- Localizamos las tres zonas de buen humor específicas pero relacionadas entre sí: baja (activada por la sorpresa), media o sutil (activada por la ternura) y alta o causal (activada por la comprensión).

* **Objetivo.** Despejamos el cauce interior del buen humor y activamos su flujo.
* **Advertencias.** La paz exterior ayuda: si oímos o vemos algo estridente, será mejor que busquemos otro lugar. Con la práctica, lograremos concentrarnos también en circunstancias desapacibles. Durante las primeras veces, es normal que la mente divague o el cuerpo se resienta: en el primer caso, retomaremos la concentración en la energía del buen humor cada vez que inspiramos, y la limpieza de los desechos cada vez que espiramos; en el segundo, invertiremos el cruce de piernas, recordando en todo momento que la energía profunda y ascendente sujeta nuestro cuerpo y que nosotros sencillamente le permitimos actuar, fundiéndonos e integrándonos con la circunstancia.
* **Signos de que realizamos bien el ejercicio:**
  - Sensación de paz profunda.
  - Revelación de un punto específico en la cabeza como epicentro de serenidad, un hormigueo en la parte más alta de la coronilla o ligeras cosquillas que ascienden por el tronco.
  - Sensación de plenitud en el vientre.

Ejercicio de acción 2. Condensación del champú interior

- **Procedimiento: cómo condensamos.** Cada vez que inspiramos, imaginamos que empujamos la fuerza de la combustión del aire hacia nuestro interior; cada vez que expulsamos el aire, dejamos salir lo inútil. Acercamos la lengua al paladar y mantenemos la cabeza elevada como si fuera un globo lleno de helio, centrando nuestra atención en la zona del vientre. Sincronizamos cada inspiración con una contracción de la musculatura del suelo pélvico, como si intentáramos subir un ascensor de energía por el centro de nuestro abdomen.
- **Ventajas.** Aumento de la energía de buen humor, sensación de vigor y fuerza, control de la postura más eutónico o adecuado.
- **Objetivos.** Este ejercicio, recomendado por la antigua técnica Chi Kung, sirve para alimentar nuestra energía mediante la inspiración y dirigirla hacia la médula ósea.
- **Advertencias.** Si bien al principio pueden parecer demasiadas acciones, el cuerpo aprende con rapidez la forma de sincronizarlas cómodamente. Cada una de las inspiraciones realizadas a lo largo del día se convierte en una ocasión para concentrarnos en condensar energía hacia nuestros huesos y, si nos hemos distraído, en una nueva oportunidad para retomar este proceso. Al principio avanzaremos de modo más seguro por zonas; por ejemplo, primero una mano, luego la otra, y sucesivamente todas las regiones de nuestro cuerpo condensando la energía del buen humor en la parte más profunda de nuestra anatomía. Sirve imaginar cómo la fuerza dirigida hacia nuestro interior se almacena en lo más profundo y cambia de color.

- **Signos de que la práctica es útil.** Sentimos que se ha creado espacio entre las vértebras y entre las articulaciones, que nuestro cuerpo pesa menos, que es más fuerte y está profundamente «cargado de vitalidad» y más liviano en lo periférico.

Ejercicio de acción 3. Saborea el aire

- **Realización: respiración sol y luna.** Tapamos la narina derecha e inspiramos por la izquierda. Retenemos el aire durante cuatro segundos y lo expulsamos por la narina derecha, al tiempo que tapamos la izquierda. Inspiramos por la derecha, retenemos el aire unos cuatro segundos y empezamos de nuevo el ciclo espirando por la izquierda. Repetimos el ejercicio diez veces empleando cada vez un segundo en inspirar, dos en espirar y cuatro en retener el aire.
- **Ventajas.** Calma mental absoluta en tiempo récord.
- **Objetivos.** Este ejercicio de respiración del Ayurveda permite equilibrar la circulación del hálito vital *(prana)* en el organismo, calmando nuestra mente y nuestro estado de ánimo. Empleamos la respiración retenida y alterna para despejar la mente por completo.
- **Advertencias.** Si retenemos el aire debidamente y con serenidad, este ejercicio de respiración alternada despeja nuestra mente.
- **Signos de que realizamos bien el ejercicio:**
  - Intensa sensación de desapego hacia los factores externos.
  - Desarrollo de una profunda conciencia anímicamente muy beneficiosa. Su efecto equivale a un «¿y qué?» corporal.

CAPÍTULO 10

Riámonos con nosotros mismos

(Uso del champú del buen humor para limpiarnos)

> Tomo nota de cuanto no quiero olvidar. De esta forma, en vez de perder tiempo intentando recordar qué era, lo paso buscando dónde lo apunté.

¿Y qué si somos mejorables? Esta higiénica cuestión nos lleva a revisar, detectar y en la medida de lo posible eliminar nuestras subjetividades y deformaciones. Nuestro carácter tiene facetas mejorables, pero podemos afrontarlas, vivir con ellas y, de hecho, disfrutar, bromear e incluso reírnos de ellas. La fórmula consiste en ir revisándolas regularmente, tras lo cual logramos deshacernos de ellas con naturalidad.

Sabemos que son nuestras *exageraciones* y *manías* lo que habitualmente nos complica la vida. Pero si además de saberlo conseguimos sentirlo, limpiaremos nuestra cabeza y nuestra existencia de algunos de nuestros más típicos tics, pretensiones y prejuicios. En eso consiste dirigir el buen humor hacia nosotros mismos: en que nos consideremos con mayor objetividad distinguiendo con nitidez cuanto de prescindible y caricaturesco hay en nuestro carácter.

Cuanto más avanzamos en este sentido más nos centramos, ganando equilibrio y constatando que no somos ni más ni menos que cualquier otra persona. Cuando hayamos practicado lo suficiente nuestro interior lucirá más limpio, y *limpiar sobre limpio* resulta entonces tan grato que podría convertirse en un hábito muy saludable.

¿Quién ha protagonizado nuestra vida hasta ahora?

> Proclamo a viva voz:
> ¡Viva la libertad de pensamiento!
> Y muera quien no piensa como yo.
>
> VOLTAIRE

Cuando una discusión ha entrado en un bucle porque ninguno de los participantes escucha ni comprende al otro, sino que se limitan a repetir lo mismo una y otra vez para intentar convencerse, en ocasiones puede zanjarse la cuestión sentenciando, con rostro serio y expresión solemne, un escueto: «Mi complejo de superioridad es mucho mejor que el tuyo». No hay dos personas que reaccionen de la misma forma ante semejante bobada. Pero las más inteligentes se ríen, quizá por el alivio de poner fin al penoso intento de adoctrinar a quien no da muestras de escucharnos.

Las personas somos complicadas: como dijo Carl Gustav Jung, tendemos a parecer lo contrario de lo que somos. Lógicamente, en el momento en que interactuamos con otros la situación se hace más intrincada e imprevisible. Éste es el motivo por el cual surgen los desencuentros, los malentendidos y las desavenencias, y miremos hacia donde miremos las relaciones interpersonales son una fuente constante de equívocos, conflictos y enfrentamientos, en lugar de los motivos de gozo y alegría que podrían ser.

Tal como explica Robert J. Sternberg en *Estilos de pensamiento:*

> Debemos ser conscientes de que lo que las personas o las organizaciones dicen apreciar y lo que realmente aprecian no siempre coincide. Uno de los ejemplos más claros fue la campaña de Mao Tse-Tung para «hacer florecer cien flores diferentes», según la cual todos los ciudadanos debían expresar lo que pensaban. Algunas personas siguieron la propuesta de Mao y muchas de ellas acabaron confinadas en campos de concentración. La invitación de Mao fue una manera de identificar a los disidentes que había entre sus huestes.

Al igual que los regímenes totalitarios, las personas no suelen reconocer el rechazo hacia ciertos estilos de conducta. Prácticamente nadie anda diciendo: «No tolero que el otro sea creativo», o «no aguanto que alguien sea jovial», al igual que nadie confiesa «detesto la música» o «no soporto la cultura». Sin embargo, todos conocemos por desgracia ejemplos de cosas «supuestamente bienvenidas» que resultaron no sólo despreciadas, sino también castigadas. Todos hemos caído alguna vez en la trampa, y aceptarlo enseguida y con deportividad es probablemente la opción más sabia.

Si aceptamos que lo raro es reconocer nuestro lado mejorable, estamos dando un gran paso. Pocas personas lo hacen. En teoría, todos deseamos compartir el respeto, el aprecio y el amor, pero el saldo que arrojan nuestras interacciones resulta paradójico. La intimidad es la excepción y lo más frecuente son las fricciones, las afrentas, la rabia, las demandas y los pleitos, para satisfacción exclusiva de los abogados. Pero por difícil que resulte relacionarse con los demás, «ellos» son nuestra única alternativa mientras los perros no hablen. Y dado que cambiar a los demás es tarea difícil, mejor empecemos por nosotros mismos.

En primer lugar, aceptemos la responsabilidad y el protagonismo que ostentamos. Así, asumiremos que nadie nos garantizó que las cosas serían como parecía que iban a ser y que si estamos donde estamos es gracias a nuestras decisiones previas. El reconocimiento del papel que desempeñamos como coartífices de nuestros problemas es un rasgo distintivo de quien disfruta de buen humor.

Desde esa perspectiva comprendemos que estamos aquí y ahora en un punto en el que, en cierto modo, hemos creído, creado y sostenido, así que más nos conviene vernos como exploradores que ensayan experimentos más o menos descabellados con el universo; esta postura nos libera de presunciones soberbias y vergüenza inútil, acercándonos al *protagonismo ecuánime*. Por el contrario, quien carece de sentido del humor abunda en lo que la otra parte (sea otra persona, la familia, la sociedad, Dios...) le ha hecho o le ha dejado de hacer, sintiéndose, lógicamente, del peor humor posible.

Con buen humor advertimos que, como en un juego de rol, interpretamos distintos papeles, y si atendemos y nos atenemos a eso, éstos se vuelven cada vez más conscientes: somos más protagonistas. Sólo quien reconoce su responsabilidad sobre algo llega a conducirlo.

Podemos bromear acerca de nuestra actitud en la vida. Ser capaces de ver comicidad en nuestras expectativas y pretensiones condiciona el sentimiento hacia quienes vamos a tratar y cómo. Si ponemos los pies en el suelo, sentimos y revelamos que nos vemos a nosotros mismos con sencillez e inteligencia, y facilitamos nuestro flujo de buen humor y la sintonía con el exterior.

¿A quién reclamamos?

SIN BUEN HUMOR	CON BUEN HUMOR
Nos preguntamos por qué nos ha tocado esta suerte.	Comprendemos que algo hemos tenido que ver con las decisiones que tomamos.
Ante los conflictos, nos enfadamos con las supuestas causas externas.	Ante los conflictos, nos fijamos en cuáles son las posibles confusiones o errores cometidos.
Si alguien o algo revela nuestras limitaciones, nos sentimos avergonzados.	Si se revelan nuestras limitaciones, nos sentimos sanamente autocompasivos.

Toda buena relación con los demás comienza con una sana relación con uno mismo. Así, rociamos de buen humor el momento si establecemos la premisa: «Sé que estoy practicando un deporte de riesgo: vivir, y que mis pretensiones son más o menos tan desmesuradas como las del resto. En base a estas circunstancias, mejor conducirme del modo más realista posible».

Ejercicio. Tómate unos minutos para estar a solas, y durante ese espacio de tiempo atiende lo que sientes y lo que piensas: escúchate como harías con alguien a quien amas. Para realizar bien este ejercicio, utiliza un temporizador que te señale el fin de la práctica (empieza con 5 o 10 minutos y amplíalos más adelante si lo deseas). ¿Qué has sentido de memorable, nuevo o valioso durante ese espacio de tiempo? ¿Qué aprendes de ti al respecto?

¿Por qué desaprovechar una buena ocasión de callar?

> Nada se parece tanto a la ingenuidad como el atrevimiento.
>
> OSCAR WILDE

Un catedrático emérito americano de una ciudad que no nombraré congregó a un grupo de doce profesores de psicología de distintos países para participar en unos cursos de verano. A nuestra llegada, nos invitó a compartir una charla de bienvenida en su despacho. Tras una breve semblanza de su vida y obra, abrió una tanda de preguntas. Entusiasmada por tal invitación y convencida de que su trabajo tenía muchas líneas comunes con el de otro autor y psicólogo contemporáneo, le pregunté qué opinaba acerca de su obra. El célebre doctor se acaloró y, agitando los brazos bruscamente, empezó a gritarme: «¡Ése es un embaucador, un impostor, un ignorante... que no tiene ni idea de lo que dice!». La pregunta que había formulado para que hablara de sus temas preferidos le había, obviamente, ofuscado. El resto de profesores se mantenían en silencio, atónitos, fingiendo no conocerme, mientras yo no sabía dónde esconderme y el admirado doctor continuaba con su reprimenda, más y más enfurecido. Finalmente uno de los asistentes intervino para echarme un capote, o puede que fuera para evitar que nuestro anfitrión sufriera un infarto: «Parece que la pregunta no le ha gustado, profesor. ¿Pasamos a la siguiente?». A regañadientes, poco a poco, el profesor fue calmándose y mi pulso recobró su ritmo normal. Durante el resto de ese primer día no me atreví a hacer ninguna pregunta más.

Existen muchas razones por las que nuestras iniciativas resultarán contraproducentes, cuando no un estrepitoso fracaso:

- Desconocimiento del terreno.
- Desconcentración o dispersión.
- Impaciencia ante los demás.
- Ingenuidad o falta de anticipación de riesgos inútiles.
- Presunción: exageración de nuestras capacidades.

La profunda consideración de nuestras dificultades y limitaciones nos advierte acerca de qué no hacer. Normalmente, cuando volvemos la vista atrás, nos alegramos de habernos concedido un tiempo para organizarnos y preparar una buena estrategia en base al terreno y las dificultades. La planificación del tiempo nos permite disfrutar del proceso y nos proporciona un marco. El hecho de que nos concedamos un tiempo y nos perdamos de vista para tomar cierta distancia no tiene nada de malo. Si en un momento dado alguien quiere interrumpirnos o invadirnos está en su derecho, tanto como nosotros estamos en nuestro derecho de escondernos.

¿Cómo nos damos la justa importancia?

SIN BUEN HUMOR	CON BUEN HUMOR
Nos perdemos ante los dilemas porque nos sentimos incapaces de ser fieles a nuestros propósitos.	Nos crecemos ante los dilemas puesto que los vivimos como retos.
Nos desanimamos al perder el enfoque de nuestro buen humor.	Vivimos en la actitud constante de avivar nuestro buen humor, cuidándolo.
Desperdiciamos nuestras posibilidades y talentos al dormirnos sobre ellos u olvidarlos.	Procedemos con dignidad, sin sobrevalorar ni menospreciar nuestras posibilidades, con fe.

¿Cómo nos preparamos?

SIN BUEN HUMOR	CON BUEN HUMOR
Tratamos de lograr... tensos.	Disfrutamos de captar... distendidos.
Nos cerramos para ganar, apresurados y presuntuosos.	Nos fundimos para aprender, atentos y prudentes.
Pensamos en nuestro tiempo y espacio de un modo destructivo.	Pensamos en nuestro tiempo y espacio un modo constructivo.

La mayoría de las veces, la capacidad de realizarnos con algo depende sencillamente del tiempo y el espacio que le consagramos. Estos dos lujos nos pertenecen con sólo tomar la precaución de acotarlos.

Ejercicio. Haz una lista de tácticas que puedes emplear para acotar tu tiempo y espacio (como conectar el contestador, activar respuestas automáticas, evitar encuentros para pasar el rato, ir a un lugar realmente apartado para hacer tu trabajo, programar un tiempo acotado para estar con quienes quieras relacionarte, colgar un letrero en la puerta en el que se lea: «En fase huraña», etc.)

¿Y qué si metimos la pata?

> El verdadero humor empieza cuando la persona ha dejado de tomarse en serio a sí misma.
>
> HERMANN HESSE

Acudí como invitada a una fiesta de disfraces en la que coincidí con la hija de unos conocidos. La joven se encontraba de pie, sola, desplazada, visiblemente aburrida y ataviada con un curioso traje de camisa blanca con mangas abullonadas adornado con un llamativo lacito central de colores. Tanto la blusa como la falda, negra y fruncida, llevaban un bordado de flores en tonos chillones. Me dirigí a ella con una sonrisa, me presenté, y la chica respondió comedida y tímidamente haciendo un comentario cortés sobre mi disfraz de soldado camuflado. Aludí al suyo recolocando la rama de mi casco y afirmando alegremente: «Y el tuyo es de... ¿tirolesa?... ¿o de qué te has disfrazado?». Su semblante se ensombreció súbitamente, por lo que temí haberme equivocado y callé. Tras tres segundos eternos la chica, colorada, murmuró: «De nada. No me he disfrazado».

¿Cuesta demasiado mantener relaciones personales? Desde un punto de vista exclusivamente mecánico y racional la respuesta sería «sí», pues las personas planteamos incidencias, fallamos, somos inestables y tendemos al egoísmo. Entonces ¿cuál es la razón por la que nuestra compañía es preferible a la de una máquina o a la soledad? La única razón por la que nos compensa mantener relaciones es que nuestra naturaleza esencial anhela la unión, el afecto y el cariño tanto en el ámbito personal como en el tribal y el colectivo.

Somos seres sociales y nos agrupamos para facilitar y vivir relaciones sentimentales placenteras y sanas (de afecto, reverencia, ternura o ayuda mutua). El arte de crear, valorar, cuidar y distinguir cuándo es posible resulta vital para nuestra autorrealización. Cuando una relación es sana, lo que nos cuesta se compensa mediante la misma energía que fluye en ella; tanto lo que damos como lo que recibimos. Esta conexión sentimental fluye centrada en nuestro pecho, donde se encuentra el pericardio.

Pensemos en una persona a la que conozcamos y a quien le resulte fácil establecer relaciones: seguramente es una persona que da señales sinceras de estar dispuesta a atender a los demás; les concede tiempo, atención, ayuda, medios, compasión, dinero o todo ello a la vez, en cuyo caso la persona en quien estamos pensando es sin duda un ser realmente muy popular y preferido por mucha gente para relacionarse.

Por el contrario, quien demuestra desentenderse de la suerte de los demás está destinado a sumirse en una cierta soledad. Ser popular tiene un precio pero, al mismo tiempo, muchas relaciones personales que requieren un gran derroche de tiempo y energía son vacías o implican un perjuicio. Éstas son las relaciones insanas: las que cuestan más de lo que valen y por tanto poco deberían perturbarnos. Como ya afirmó el filósofo griego Epícteto: «Si dicen mal de ti con fundamento, corrígete; de lo contrario, échate a reír».

¿Sabemos para qué nos tratamos?

SIN BUEN HUMOR	CON BUEN HUMOR
Nuestras relaciones nos consumen energía.	Nuestras relaciones nos aportan energía.
Nos sentimos superados por lo que la otra parte hace y de qué trata en el fondo nuestra relación.	Nos sentimos conscientes de nuestros sentimientos y de qué nos hacemos unos a otros.
Ahondamos en las relaciones que más energía nos reclaman creando dependencia y mal humor.	Nos centramos en las relaciones que se desarrollan libres, responsables, amorosas y gratas.

¿Seguimos sobre la pista?

> No soy un completo inútil. Está claro que sirvo de mal ejemplo.
>
> Frase apócrifa

Alguien muy simpático me enseñó la siguiente oración:

> Señor, hoy me he portado bien.
> He evitado enfadarme con nadie.
> No me he quejado de mi suerte.
> No he usado la tarjeta de crédito.
> No he dicho palabrotas ni criticado.
> No he tomado chocolate ni patatas fritas.
> Pero Señor, dentro de pocos instantes
> me levantaré de la cama y temo que voy a necesitar tu ayuda.

Las mayores paradojas se dan en nuestro día a día pues, si las exageramos, todas nuestras peculiaridades –incluso las cualidades– devienen defectos. Si dejamos de concentrarnos con los cinco sentidos, quizá actuemos como nuestro peor enemigo. Por ello, lo mejor –antes, durante y después de nuestras acciones– es que recordemos el dicho: «Donde el necio se perdió, el cuerdo aviso tomó».

Para que nuestra sensatez dé con el término medio:

- **Fomentemos nuestra decisión y determinación.** El hecho de que la vida nos cueste puede desanimarnos o, por el contrario, suponer un reto, en cuyo caso nos acerca a la parte de nuestro ser que anhela logros, superarse, *esforzarse* y *ser mejor.*
- **Premiemos nuestra diligencia y perseverancia.** La parte de nuestro ser que desea mejorar y superarse a sí misma es la

única capaz de alcanzar metas más allá de lo común y de prosperar. Nos conviene ser benévolos con nosotros mismos, pues si nos falta *cierta condescendencia* perdemos energía de buen humor.

- **Seamos humildes y no orgullosos.** Si *aceptamos nuestras limitaciones* seremos capaces de digerir la pronta consecución del éxito, sin distorsionar la magnitud de nuestra importancia.
- **Tengamos un faro.** Algunas metas son como las estrellas: nunca llegaremos a tocarlas con las manos, pero nos sirven como guía y las seguimos para *orientar* nuestro destino. La ventaja de que las cosas valiosas acostumbren a ser costosas es que quienes las consiguen se distinguen del resto por pensar que tiene que haber un medio para ellos y no cejan en el intento. Quien lo intenta, sabe y siente cuándo avanza «sobre la pista» de avivar y mejorar el flujo del buen humor en su interior.

¿Cómo ganamos sano amor propio?

SIN BUEN HUMOR	CON BUEN HUMOR
Si no son una fuente de satisfacción, se considera a los demás como una potencial fuente de problemas.	Consideramos a los demás como una fuente de sorpresas que siempre nos aporta algo.
Tarde o temprano, los demás siempre nos decepcionan.	Comprobamos que nuestras expectativas hacia los demás casi siempre se excedían en algo.
La relación con nosotros mismos es aburrida y agobiante.	La relación con nosotros mismos es divertida, amante y muy llena.

Ejercicio. Con el fin de sentirte cada vez más cómodo adoptando una actitud cuerda y sensata hacia ti mismo, proponte un sencillo detalle que te permita bromear con cualquier otra persona acerca de algo relacionado contigo; puedes usar desde un eslogan en tu indumentaria o agenda hasta llevar calcetines desparejados. Lo importante es que sientas que puedes compartir algo gracioso sobre ti.

Ejercicio de acción 1. Ablanda y disuelve; limpiar la pelota

- **Realización.** Sentados con las piernas cruzadas, tomamos la cabeza entre las palmas de las manos y realizamos presiones firmes y suaves, como si se tratara de una pelota cuya presión queremos comprobar. Repetimos el ejercicio diez veces, espirando durante al menos diez segundos cada vez que presionamos e inspirando al soltar la cabeza.
- **Ventajas.** Relajamos los pensamientos, calmamos la mente, sosegamos nuestro estado de ánimo.
- **Objetivos.** Vaciamos nuestra mente de ideas inútiles. Frenamos la centrifugadora de los «debo, debí y debieron» para traer nuestra conciencia a la maravilla del aquí y el ahora.
- **Advertencias.** Este ejercicio debe realizarse con calma y serenidad, para ajustar la fuerza de forma gradual y consistente.
- **Signos de que la práctica es útil.** Notamos que el tráfico de nuestra mente se aligera instantáneamente y sentimos una enorme liviandad en la cabeza, como si la hubiéramos vaciado de basura, cascotes o trastos pesados.

Ejercicio de acción 2. Limpiar el casco

- **Realización.** Nos sentamos con las piernas cruzadas y colocamos las manos sobre el cráneo, con los dedos extendidos, como si fuera un casco que intentamos sacarnos con firmeza y suavidad. Expulsamos el aire durante al menos diez segundos cuando realizamos el estiramiento ascendente para después, al soltar la cabeza suave y gradualmente, inspirar. Repetimos el proceso diez veces, cambiamos la posición de las manos y lo repetimos diez veces más.
- **Ventajas.** Sentimos el cuello y la base del cráneo distendidos y nuestra mente suspendida en un plano superior.
- **Objetivos.** Al alargar nuestra columna mediante tracción conseguimos que el tronco se eleve.
- **Advertencias.** Es importante que las primeras tracciones se realicen con suma suavidad y de modo gradual. De esta forma, nos aseguramos de que enderezamos la columna vertebral en la dirección correcta y de que todos los músculos están preparados, lo cual hará que la eficacia del ejercicio aumente.
- **Signos de que la práctica es útil.** Notamos una descarga de tensión a lo largo de la espina dorsal. Tras finalizar el ejercicio, la zona de los hombros está distendida y en una postura correcta.

CAPÍTULO 11

Hagámonos los inocentes

(Uso del champú del buen humor para suavizarnos)

> De los fumadores podemos aprender la tolerancia: todavía no conozco uno solo que se haya quejado de los no fumadores.
>
> ALESSANDRO PERTINI

¿Y qué si todos somos falibles? Podemos mantener la serenidad ante las críticas e intransigencias propias y ajenas y, además, así lo pasamos mucho mejor.

Si asumimos que se consigue más con una gota de miel que con un kilo de hiel, suavizaremos la aspereza de nuestra reacción ante las frustraciones. Para lograrlo, en primer lugar debemos aceptar las diferencias, lo cual nos garantiza calma y la clara sensación de que controlamos nuestras reacciones hacia lo que nos contraría en favor de la tolerancia y la paz interior. Mediante un humor irónico, es decir, enfocado en mostrar nuestra inocencia o en señalar nuestra ignorancia, nos sentimos más pacientes y genuinamente benévolos. Para ello, partiremos de la premisa de que todos cometemos tonterías, así que tenemos que perdonárnoslas.

Tras practicar la fórmula expuesta en este capítulo habremos conseguido suavizar nuestros arrebatos, más ironía formativa, diplomacia, sutileza y finura humorística.

Quien bien te quiere, ¿podría dejar de hacerte llorar un rato?

> Cuando la gente está de acuerdo conmigo siempre siento que debo de estar equivocado.
>
> Oscar Wilde

Es desolador comprobar que, en muchos lugares, las personas avanzan por la vida dormidas, como si delegaran en otros la tarea de pensar por ellos. Una de las pruebas podría ser su conducta en los ascensores de los grandes edificios: cuando se abre la puerta preguntan a los ocupantes si suben o bajan, con lo cual no sólo los interrumpen, sino que demuestran haber pulsado los botones de subida y bajada a la vez sin importarles que eso suponga una molestia innecesaria para terceros y sin percatarse tampoco de lo que indican las flechas dispuestas normalmente sobre la puerta. En una ocasión, en el ascensor de un hotel, la puerta se abrió en el ático y un grupito de incautos pronunció el consabido: «¿Sube o baja?». A lo que exclamé: «Si sube, que Dios nos socorra. Y los que crean que va a continuar subiendo mejor que bajen ahora mismo, porque estamos en el último piso».

La cuestión de delegar la tarea de pensar en otros es muy habitual entre familiares. Abundan las muestras de que cabe considerar la familia humana como una unidad altamente disfuncional, «gracias» a la cual los psicólogos tenemos cierta utilidad. Todos sabemos que dentro de la tribu los individuos se relajan, pero normalmente no lo hacen para mostrar su mejor «yo», sino para abundar en dinámicas de inercia desfasadas. Esto explica un larguísimo listado de conflictos. De todos modos, hasta que no se establezca una asociación que la supere, las familias son una realidad y nuestro empeño, lejos de señalarlas como razón de todos nuestros males y defectos, conviene que sea hacer las paces y llevarnos lo mejor posible. Consideremos para ello que, en lo concerniente a las costumbres ajenas, todos somos tan reformistas como cabría imaginar.

Cuando comprobamos que son precisamente aquellas personas que más aseguran querernos las que más a prueba nos ponen, reaccionamos con enojo o tristeza; sin embargo, quien lo toma con buen humor mejora sus sentimientos aplicando estas reflexiones:

- **¿Estoy en mi mejor papel?:** ¿Tenemos el aspecto de alguien que se toma la cuestión con divertido escepticismo? Si no es así, ¿qué haría si ya hubiera trascendido este punto?
- **¿Comprendo?:** ¿Observo desde la distancia qué pasa y qué se aprende de una situación? ¿Qué ideas, sentimientos y actitudes se desprenden de esta nueva visión sobre el fondo de los asuntos de familia?
- **¿Reordeno?:** ¿Cómo me propongo motivaciones y descansos para reponerme y retomar el asunto todas las veces que requiera desde una actitud positiva, original e ingeniosa, por mucho que en ocasiones me cueste hacerlo?
- **¿Trasciendo?:** ¿Qué tipo de respiraciones, imágenes o reflexiones relativizan la importancia de este asunto con el consiguiente sentimiento de alivio?

Está comprobado que expresar la ira, o cualquier otro sentimiento negativo, no tiene el efecto de vaciar la basura en un contenedor. Por el contrario, quien se deja arrastrar por el mal humor no hace más que aumentarlo y luego tratar de justificar su enfado para no sentirse incoherente.

¿Cómo defendernos de los nuestros?

SIN BUEN HUMOR	CON BUEN HUMOR
Nos sentimos rotos y negativamente «reactivos».	Nos sentimos vivos y capaces de dar un giro positivo a la situación.
Sentimos odio, resentimiento, angustia o afán de venganza.	Nos apreciamos por todo lo que «soportamos» y «ofrecemos una postura inocente».
Nos sentimos inferiores y fracasados, despreciables o de segunda categoría.	Confiamos en nosotros mismos y en los demás como fuente inagotable de recursos.

Si logramos contener la reacción emocional automática de enfado y le sumamos una broma, mejoramos nuestros sentimientos ante los abusos e intromisiones de nuestros seres queridos. Podemos transformar la situación penetrando en ella y viviéndola intensamente.

La energía del buen humor genera una conciencia superior, una parte de nuestro ser que capta lo esencial para poder ir más allá de lo que afecta a nuestro cuerpo y a nuestra mente.

Ejercicio. Imagina una situación de conflicto con alguien conocido en la que puedas recordar que ambos os comprendisteis y os pusisteis a propósito a parodiaros para reencuadrar la cuestión desde una perspectiva nueva, superior y más comprensiva en la que lo que había sido causa de discusión pasaba a ser algo trivial.

¿Cómo queremos que cambien las cosas si actuamos siempre igual?

> Renueva el corazón a cada hora
> y aprende a renacer cada mañana,
> como el paisaje al despuntar la aurora,
> como el sol que amanece en tu ventana.
>
> RICARDO DE LEÓN

Durante un curso para psicólogos, asistí a una sesión de supervisión terapéutica en la que cierto profesional me impactó por su talento práctico y expeditivo. La paciente decía sentirse destrozada porque su padre se había mostrado rudo con ella en un momento en que estaba desolada, tras haber sufrido, dos semanas atrás, un robo en su hogar durante la noche. Ella exponía:

–Lo que más me duele no es que nos robaran las pocas joyas que mi difunta madre me legó o que nos amenazaran con matarnos en plena noche, sino que luego, cuando me lamenté por ello, mi padre se quejara con aspereza de mi pena.

El profesional le preguntó:

–¿Cuántas veces cree que su padre ha sido antipático con usted?

Ella pensó largo rato y murmuró comedidamente:

–No lo sé con exactitud, muchas veces.

–¿Unas quinientas? –inquirió él.

Ella contó con los dedos y repuso:

–En números redondos, serían aproximadamente unas quinientas veces por año, y yo ya he cumplido los treinta –balbuceó compungida–. Es decir, que serán alrededor de unas quince mil veces.

–O sea–concluyó él–, que tras haberlo sido unas catorce mil novecientas noventa y nueve veces, ¿usted seguía esperando que su padre dejara de ser bronco con usted?

Ella hizo una pausa, parpadeó con ojos húmedos de lágrimas y, tras unos pocos segundos, contestó en un tono agridulce pero determinado y sonriente:

–Bien, creo que lo he pillado.

Con el paso del tiempo aprendemos que nuestras relaciones personales son altamente predecibles e inamovibles, *cerradas*. Pero el arte de sacarnos de la cabeza las pretensiones exageradas y distinguir las interacciones beneficiosas, fluidas, espontáneas, auténticas y *abiertas* en ambas direcciones no es algo con lo que todos nacemos, sino un talento que sólo desarrollamos tras superar arduas decepciones. El sabor de lo más importante, lo que se desprende y permanece de la proximidad con otra persona no siempre es –por desgracia para la humanidad– conscientemente reconocido. Algunas cuestiones útiles para determinar la salubridad de una relación personal y su contribución a nuestro buen humor serían:

- **Contagio.** Cuando nos sentimos bien con nosotros mismos, los demás se sienten mejor a nuestro lado. Por el contrario, es improbable que prodiguemos alegría si nos sentimos mal. Las personas nos transmiten afecto; si nos tomamos un momento para apreciarlo, podremos distinguirlo.
- **Expansión.** Una relación sana fomenta el bienestar y la felicidad. El aprecio compartido transmite una sensación interior de apertura y eutonía en nuestro cuerpo: al crear un *nosotros,* damos más vida a nuestro *yo.*
- **Disposición.** Estar enojado con una persona que forma parte de nuestra vida es algo que nunca compensa, pues si nos creamos resentimiento seremos los primeros en sufrir; si la relación nos resulta insana, bastará experimentar con la distancia y la actitud humorística adecuada para dejar de sufrir. El sufrimiento suele estar en nuestra mente, y limpiarla está en nuestra mano.

Lo más recomendable es que mantengamos la cabeza limpia por dentro, lo cual no implica que nuestra memoria se borre, sino que sencillamente *se higienice*. El odio es muy mal consejero, y el buen humor sólo retomará el flujo adecuado cuando hayamos conseguido expulsarlo. Sin importar lo que la otra persona nos haya hecho, lo útil no es enfadarse ni vengarse sino ser conscientes de cómo nos ha afectado para superarlo del modo más directo y tener en cuenta en adelante lo que ha pasado.

¿Qué hacemos con lo que nos tiene hartos?

SIN BUEN HUMOR	CON BUEN HUMOR
Sentimos una y otra vez las mismas cosas negativas hacia los demás.	Somos conscientes de nuestras sensaciones al tratar a los demás.
Nos cerramos y pensamos en qué más van a hacernos.	Nos abrimos, nos fundimos y presentimos alternativas.
Nuestros amigos vienen y van pero nuestros enemigos se acumulan.	Mantenemos la cabeza limpia para aprender y pasar a otra opción.

Aunque el hecho de que una relación nos falle nos resulta irritante, todos sabemos que cuando sufrimos a causa del fracaso repetido de nuestras relaciones aprendemos cómo recuperarnos, y además nos corregimos: emprendemos mejoras drásticas en nuestro interior. Y ése es el único modo de *aprobar* y pasar a otra lección.

Ejercicio. Si mantenerte fiel a una relación encierra un sentido esencial para ti, ¿cuáles son los propósitos que debes hacerte de ahora en adelante respecto a esa persona? Deja que tu inconsciente te brinde 10 ideas cortas y anótalas.

¿Cómo es que el arte posmoderno no se vende más?

¿Por qué nunca leemos el titular:
«Vidente gana el gordo de lotería»?

Con frecuencia sucede tal como en el cuento titulado «El traje nuevo del emperador», de Hans Christian Andersen, en el que un monarca encarga, prueba y paga la confección de un traje inexistente sin que nadie se atreva a delatar la obviedad de que el rey va desnudo, hasta que un chiquillo lo apunta. Del mismo modo, nuestra realidad está cuajada de ejemplos de *falsos valores* cuya ridiculez constituye un secreto a voces y sobre los cuales nadie biempensante osa decir lo que en verdad cree. ¿Qué podemos hacer cuando el mundo a nuestro alrededor se empeña en complicar las cosas y especular con que han de ser más inasequibles o costosas de lo que lógica y naturalmente serían?

Asumamos que algunas cosas atraen más a las personas precisamente cuanto más cuestan, por lo cual, en apariencia, se nos plantean dos opciones igual de penosas:

1. Asumir que esa *insensatez* es *valiosa,* comportándonos como un mentecato más (dejarse engañar).
2. Enfrentarnos a la mayoría atrayendo las iras de cuantos intereses creados imperan (combatir).

Por suerte, existe una tercera opción: el planteamiento de que «esto también pasará», que nos permite actuar del mejor modo posible pero con la actitud *amateur* de quien no requiere empecinadamente que las cosas cuesten menos, sino que se limita a mantener el equilibrio sobre un puntal de paciente escepticismo.

Si nos decantamos por esta última opción, mantendremos un

juicio propio aunque obviemos el aparatoso detalle de que el rey va desnudo. La astucia consiste en mantener la siguiente postura interior: «Me doy cuenta de que no es ni mucho menos para tanto, pero mientras sea un tabú... voy a tomármelo del mejor modo posible». Esta actitud implica una interpretación lúdica de la situación: los tontos, sencillamente *siguen el juego*, los timadores o aprovechados de la estulticia ajena van *ganando* y los timados *van perdiendo*. Esta perspectiva nos libra de ser engañados y reñidos y permite que nos riamos interiormente: sabemos que estamos jugando a un juego cuya primera norma es: «Pierde quien dice que esto es un juego, y por tanto hemos de fingir que es algo muy serio». La ironía consiste precisamente en eso: en fingir un *desconocimiento plausible*.

Con frecuencia, cuanto más caro es «el traje del emperador» más seriamente lo toma la mayoría de las personas, de modo que la masa llega a adoptar una actitud reverente y temerosa aun cuando se trata de fraudes verdaderamente sonados. Si damos entonces con el tono justo, lo bastante fino como para especular con desenfado, llegaremos a pasarlo realmente bien. Por ejemplo: «Donald Kuspit sostiene que el arte moderno afirma la subjetividad. Por contra, el arte posmoderno, caracterizado como cínico y glamuroso, la niega, aunque paradójicamente es incapaz de escapar de ella...». Nunca debemos pasarnos de lo justo, es decir, debemos evitar pagar la factura del restaurante esnob o la escultura posmoderna, o lo que en ese caso sea «el traje del emperador».

Entre dejarse engañar y buscar altercados hay una amplia franja de ironía silenciosa. Las risas más placenteras son a menudo las que atesoramos para nuestros adentros, y podemos sacar fruto de las situaciones absurdas si respondemos con inocencia a: «¿Y qué pasaría si...?».

¿Y qué si el rey va desnudo?

SIN BUEN HUMOR	CON BUEN HUMOR
Creemos que si algo cuesta será valioso, como cualquier otro mentecato.	Sabemos que lo que vale cuesta, pero también hay cosas que cuestan mucho y no valen nada.
Nos apresuramos para conseguir nuestros deseos.	Disfrutamos y saboreamos el proceso de ir en la tendencia en boga.
Pensamos por qué en el pasado o en el futuro nuestras vivencias nos disgustaron o disgustarán.	Tratamos de que nuestras vivencias sean gustosas en el ahora.

Ejercicio de acción 1. Atornillar con suavidad

- **Realización.** Sentados con las piernas cruzadas, colocamos las yemas de los dedos sobre las sienes. Dibujamos pequeños círculos sin friccionar la piel, sólo masajeando la parte profunda de la epidermis. Los círculos deben ser de aproximadamente un centímetro de diámetro, apenas perceptibles a los ojos de un observador externo, y el ritmo debe acompasarse con la respiración natural.
- **Ventajas.** Distendemos la musculatura de la zona parietal y relajamos la franja del antifaz de nuestra cara, donde más emociones tendemos a expresar.
- **Objetivos.** Liberamos nuestro semblante de tensiones innecesarias.
- **Advertencias.** Conviene realizar el ejercicio con una sonrisa interior, sin exteriorizarla, para que el efecto suavizante de este ejercicio actúen a un nivel profundo.

- **Signos de que la práctica es útil.** Notamos que la expresión de nuestro rostro se ha suavizado, como si estuviéramos en un plano que trasciende las circunstancias.

Ejercicio de acción 2. Paz

- **Realización.** Con los dedos de ambas manos extendidos y juntos, apoyamos las yemas de los pulgares en la base del maxilar; con las de los otros cuatro dedos, presionamos de modo suave y sostenido, realizando sutiles desplazamientos verticales hasta que las yemas se anclen por sí mismas, peinando la musculatura a lo largo. Repetir diez veces acompasando el ejercicio con la respiración.
- **Ventajas.** Aliviamos la rigidez de la articulación temporomandibular, de modo que toda la tensión y la agresividad que retiene se suaviza y nuestro rostro se serena.
- **Objetivos.** Relajar la mandíbula para aligerar su contracción involuntaria consiguiendo una sensación somática de calma, tolerancia y paz.
- **Advertencias.** Realizar el ejercicio sin fricción. Las yemas de los dedos se mantienen fijas en la piel, y lo que se desplaza lentamente es la presión de los dedos, a una distancia de menos de un centímetro. Si no procedemos con cuidado el ejercicio puede resultar doloroso, pues estos músculos suelen estar sobrecargados y debemos peinarlos en la dirección de sus fibras para aflojarlos. A medida que avancemos y los reconozcamos con la palpación, el ejercicio será cada vez más eficaz.
- **Signos de que la práctica es útil.** Al realizar el ejercicio notaremos una agradable sensación de calma y distensión; cuando acabemos, la mandíbula estará más laxa, como

despegada del resto de la cabeza: lista para sonreír o besar con naturalidad. Si la onda de distensión muscular alcanza también los hombros, percibiremos un alargamiento de la zona del trapecio.

CAPÍTULO 12

Tomémonos las cosas como un juego

(Uso del champú del buen humor para abrillantarnos)

> No he fracasado. He encontrado diez mil soluciones que no funcionan.
>
> BENJAMIN FRANKLIN

¿Y qué si las circunstancias son mejorables? Si logramos potenciar esta actitud, reconoceremos con la práctica cuanto hay de prescindible o innecesario, diferenciándolo de lo que resulta esencial en la historia de nuestra vida. Así, nos erigimos en guionistas de nuestra existencia, en quien decide nuestros pensamientos y sentimientos para el aumento de su tono positivo.

Para asegurarnos de que nos divertimos, nos será útil tener en cuenta que la vida es como un juego; esa idea nos estabiliza y modera nuestros altibajos emocionales. Este aspecto lúdico del buen humor entiende la competencia como un placer que estimula nuestro afán de cooperación.

El espíritu *amateur* agudiza nuestro entusiasmo y estimula nuestro talento para sacar *chispa* a los contratiempos.

¿Dichosos desafíos?

El punto de vista más simple
es siempre el mejor.

CHARLES CHAPLIN

Tras despertar de un coma en el hospital, el marido encontró a su esposa sentada junto a su cama y le dijo:

–Por fin me doy cuenta, querida: cuando perdí mi empleo, estabas a mi lado; cuando mi negocio quebró, te quedaste conmigo; cuando ocurrió el accidente de tráfico, te tenía conmigo; cuando sufrí la embolia... Tú has permanecido siempre a mi lado.

La esposa le miró con ternura y asintió:

–Sí, amor mío, siempre a tu lado.

A lo que el marido repuso dulcemente:

–Por eso me preguntaba... ¿No serás tú la que me trae mala suerte?

Aunque las simplificaciones excesivas empobrecen nuestra vida y limitan nuestra felicidad, lo cierto es que el hecho de simplificar puede sernos útil. En última instancia todo es bueno, pues incluso lo que podríamos considerar *mala suerte* nos sirve para:

1. **La adaptación.** Las dificultades hacen que veamos los obstáculos con los que tropezamos, gracias a lo cual podemos eliminarlos o corregirlos; en suma, superarlos.
2. **El autoexamen.** Las dificultades sirven para que agucemos la conciencia respecto a lo que hacemos mal. Reconocer nuestros fallos nos permite, precisamente, superarnos.
3. **El realismo.** Medirnos ante las dificultades nos ofrece una ocasión impagable para analizar honestamente nuestras ver-

daderas posibilidades. En función de sus logros, cada persona puede ir ajustando sus expectativas a sus posibilidades. Es muy útil conocer en qué funcionamos realmente y a cuánto podemos aspirar. El punto de inflexión en el que alguien se vuelve competente en cualquier cometido es ese en que asume «cuánto puede dar de sí», porque el paso siguiente será –lógicamente– calcular cuánto tiempo y recursos requerirá para su triunfo. Una vez hecha esta operación cabalmente, el individuo ajusta sus esfuerzos al ritmo que él mismo ha calculado; una vez ajustada al «grado óptimo de dificultad», cualquier tarea puede convertirse en placentera.

¿Cómo afrontamos los desafíos?

SIN BUEN HUMOR	CON BUEN HUMOR
Nos obcecamos ante los desafíos.	Nos adaptamos a los desafíos.
Damos razones para empecinarnos en nuestra percepción.	Evaluamos nuestros fallos para hacernos más competitivos.
Nos esforzamos inútilmente, frustrándonos.	Nos empleamos en lo más ajustado, disfrutando.

Nuestra capacidad de asumir la realidad y leer en los renglones de la experiencia nos permite sacar provecho de los contratiempos en la realización de nuestros propósitos. Lo que cada uno de nosotros piensa cuando es derrotado, lo que se dice a sí mismo para recobrarse, es clave para aprender sobre nosotros mismos, sobre cómo valorarnos y tratarnos lo mejor posible.

Ejercicio. Toma una hoja de papel y divídela en 3 columnas. En el margen izquierdo, anota las horas en que estás despierto. En la columna 1, escribe lo que acostumbras a hacer en el espacio de tiempo de cada hora. Después, escribe en la columna 2 lo que te gustaría hacer. Compara las columnas 1 y 2. En la columna 3, escribe lo que planeas hacer en cada hora.

¿Es un problema o una desgracia?

> Si no tienes libertad interior,
> ¿qué otra libertad esperas tener?
>
> ARTURO GRAF

Lamentablemente, cada año que pasa estoy más convencida de que el carácter de las personas cambia rara vez para mejorar. Y cuando lo hace, suele ser poco. Las técnicas psicológicas sirven para paliar los efectos de lo que apenas logra enmendarse, y si algo aportan es luz sobre la mecánica interpersonal: es mucho más fácil aprender *para qué* nos pasa siempre lo mismo en las relaciones –y así lograr que nos pasen cosas nuevas–, que dar un giro a nuestra personalidad en virtud de su *análisis*. Las personas hacen lo que hicieron y sólo una escasa minoría comprende cómo podría volver su alma mejor. Si partimos de este punto, embellecemos nuestro interior; de lo contrario, el trabajo de mejora de nuestra personalidad nos frustrará tanto como si intentáramos cambiar el color de nuestro iris, hasta que desistamos.

En realidad, un problema se diferencia de una desgracia en que aquél tiene solución y ésta no la tiene. En cierto modo, las personas podríamos considerar que nuestro carácter es un problema, reírnos de él e intentar *solucionarlo* dejando de parodiarnos a nosotros mismos. Sin embargo, ése no es el enfoque habitual.

El carácter pasa a ser entonces la peor desgracia, el destino inexorable, el sino o la fatalidad. Cada persona tiene mecanismos temporales prefijados mediante los cuales interpreta las circunstancias, la vida. Como Richard Bandler señala en *Use su cabeza para variar:* «Todos afrontamos experiencias buenas y malas, y lo que nos diferencia es únicamente cómo las recordamos». Muchas personas revisan su pasado y sólo registran lo malo. Si examinamos nuestra historia nos es fácil distinguir los momentos bonitos y las ocasiones gratas, podemos gozarlos, y eso cambiará ciertamente los hechos. En realidad deberíamos mostrarnos siempre agradecidos, tanto por lo que hemos vivido como por lo que estamos viviendo, incluso cuando las cosas distan de ser como desearíamos que fueran. Insistir en la exigencia de que las desgracias sean como no son es como intentar pasar a la habitación contigua a través de la pared, en lugar de buscar una puerta. Si reconocemos *qué tiene solución* y *qué no*, disfrutamos de:

- **Ampliación de visión o supresión** de ángulos muertos. Suele decirse que «el interesado es el último en saberlo», porque al protagonista lo verdadero le parece muchas veces lo más inverosímil.
- **Comprensión circular.** Las relaciones, como la vida, tienen ciclos. Enterramos a los muertos, la tierra se nutre y hace crecer plantas que alimentan a los animales y a los humanos. Somos parte de un todo que fluye eternamente. Así, el hecho de que algo como una ilusión acabe es sencillamente parte de ese proceso omnisciente e inexorable.
- **La tensión que sentimos ante una circunstancia es en realidad el eco de la tensión que invade nuestro interior.** Por eso conviene que desarrollemos una sólida amistad con nosotros mismos. Estar muy seguros de lo que sentimos en cada momento nos convierte en personas capaces de centrarse y con las que es fácil vivir en armonía.
- **Cultivo de la voluntad.** Ante una pérdida, elegimos entre sumirnos en la fatalidad o aprender algo crucial. Quien

hace lo segundo reconoce que todo, menos la muerte, tiene cierta solución; que su vida, haya quien haya a su lado, no está a merced del azar, y que mientras conserve las ganas de vivir, intenciones y firmeza, todo sirve para algo.

¿Y qué si lo que no se puede hacer es imposible?

SIN BUEN HUMOR	CON BUEN HUMOR
Sufrimos confundiéndonos con nuestro padecimiento interior.	Observamos con perspectiva cómo la situación afecta a nuestro interior.
Nos resentimos haciendo que el sufrimiento resuene, repitiéndonos.	Nos recuperamos haciendo que resuene la superación.
Restamos peso al contexto caricaturizando nuestras tendencias innecesarias.	Damos peso, poder y relevancia a nuestra libertad de interpretación.

Salvo excepciones, las personas tienden a hacer lo que hicieron y por tanto a ser lo que fueron, de modo que, si queremos adivinar su futuro, lo más realista es observar lo que ya hicieron. No es un método infalible, pero sí el más fiable de que disponemos.

Ejercicio. Deja que tu mente evoque diez asuntos por los que en tu pasado te angustiaste inútilmente porque no tenían solución. Para cada una de esas desgracias, piensa –gracias a todo lo que ahora sabes y entonces no sabías– cuál hubiera sido la actitud más sabia y positiva posible de tu parte, y qué le dirías ahora respecto de cada tema a la persona que eras entonces. ¿Aprendes en qué consiste tu buen humor gracias a este ejercicio?

¿Y si es nuestra solución la que empeora el problema?

> Toda cuestión tiene dos puntos de vista:
> el equivocado y el nuestro.

Una mujer consultó a un consejero matrimonial.

–Quiero divorciarme –le dijo.

El psicólogo le preguntó:

–¿Tiene alguna razón?

–Razón, sí. Nos gusta ir a nadar –contestó ella.

A lo que el profesional repuso:

–Me refiero a si tienen algún conflicto.

–No, ninguno, lo que pasa es que contratamos un viaje en crucero para nuestras vacaciones.

–Lo siento, pero no acierto a entender sus sentimientos hacia la separación –repuso el consejero.

A lo que la mujer contestó:

–Que es sencillamente imposible tener una conversación inteligente con mi marido.

En una de las películas del célebre cómico Rowan Atkinson, el personaje al que da vida, Mr. Bean, se desplaza a Los Ángeles para asistir a la exposición del cuadro *La madre de Whistler*, considerada una de las obras cumbre del arte americano del siglo XIX. Mr. Bean estornuda accidentalmente sobre el lienzo y lo emborrona de tinta cuando intenta limpiarlo con un pañuelo, hasta acabar por desfigurar completamente el retrato. Los esfuerzos denodados por recomponer algo que en realidad estropean –más con cada nuevo intento– son algo que todos los aficionados al bricolaje conocemos.

Una persona habilidosa se distingue de una torpe sencillamente en que sabe cuándo debe dejar de esmerarse si su esfuerzo resulta contraproducente; es decir, reconoce el momento límite para asumir que lo está haciendo mal o que, simplemente, no hay nada que hacer.

Sea lo que sea lo que se nos está escapando de las manos, es prioritario que reconozcamos nuestra «compulsión de reaccionar» y la reconduzcamos. Entonces, pasamos a estar por encima de nuestros pensamientos y sensaciones y rompemos el círculo habitual al cual nos arrastran. Si respiramos de manera consciente y nos tomamos un momento, vencemos la inercia y nos hacemos con el control de la situación: «¿Y qué si espero un poco? ¿Y si pido ayuda? Será mejor que ahora no tome decisiones, descanse y respire, pues estoy tenso, impaciente, agobiado o de cualquier otra variante del mal humor».

Como afirma Gary Hendricks: «Respirar con plenitud y libertad es estar poderosamente inspirado, sensualmente estimulado y sexualmente satisfecho en cuerpo, mente y espíritu».

El momento en que decidimos tomarnos un respiro puede transformar totalmente nuestro camino. El siguiente paso es respirar a un ritmo normal y aceptar que la vida –normalmente– continúa. Además, como muy bien dice el refrán: «No hay mal que por bien no venga». Debemos buscar los aspectos positivos de aquello que parece inevitable o, si carece de ellos, cómo podría lograrlos.

En las relaciones humanas comprobamos constantemente que los esfuerzos por influir en alguien resultan contraproducentes. Si queremos aplicar este método basado en la parquedad y la apertura a nuevas opciones seguras, la fórmula consiste en:

- Detenerse.
- Tomarse un respiro.
- Observar las cosas desde el nuevo marco.

Si nos cuesta parar, basta con contar hasta diez con calma y repetirnos: «Aunque me molesta, esto no pasa sólo para molestarme». Con ello, a pesar de que la circunstancia sea complicada, adoptamos el protagonismo. Planificamos una solución que resulte llevadera y grata, sin perder de vista que tratamos de reparar algo, ¡pero sin estropearlo!

Este buen humor es lacónico y nos permite mantener la fachada, «la cara de póquer», los papeles... la respiración y la prestancia: un buen estado de ánimo interior que acaba –tarde o temprano– por salir al exterior.

El recuerdo de que la existencia está repleta de paradojas es muy útil para la conservación de la templanza: lo intentamos libremente, nadie nos obliga, mantenemos la deportividad.

Todo podría ser aún peor, la situación podría haberse arruinado sin remedio, mientras que ahora quizá todavía haya esperanza.

¿Qué hacemos cuando algo nos cuesta?

SIN BUEN HUMOR	CON BUEN HUMOR
Actuamos mecánicamente, evitando la espera y el silencio.	Nos detenemos para recapacitar usando la espera y el silencio.
Los acontecimientos nos superan.	Nos reconocemos eligiendo nuestro proceder.
Huimos hacia delante sin un objetivo claro y agravamos la situación.	Damos un giro a la situación reencuadrándola con sabiduría.

Cuando algo nos molesta o preocupa por su deterioro, podemos sencillamente adoptar nuevas perspectivas. Tomarnos un respiro lo cambia todo. Y, en cierto modo, lo decadente puede ser más apreciado, si se considera con sagacidad y perspicacia.

¿Vemos la cara de la cruz o la cruz de la cara?

> La enfermedad constituye el modo en que la naturaleza nos va preparando para que superemos el miedo a la muerte.
>
> PABLO TORRABADELLA

«Quien pierde a su mujer no sabe lo que gana.» El dicho es en gran parte cierto, y puede aplicarse también a los maridos. En un compromiso sucede como en casi todas las cosas o circunstancias físicas, algo muy parecido a lo que ocurre en el metro: quienes aguardan en el andén esperan acceder al vagón; quienes llevan un rato viajando, salir.

Todos conocemos personas que disparan verbalmente para demoler lo que consideran falso o fingidamente bueno, delatores que recurren a la mofa y el sarcasmo. La mayoría prescindimos de este humor «ácido», pero no porque desconozcamos la cruda realidad. Incluso nuestras relaciones más cercanas nos surten de padecimientos que, sin ellas, ignoraríamos. Lo ideal resulta lo contrario de lo real y, al igual que la industria crea la «obsolescencia programada» para no agotar su propio mercado reabasteciéndolo continuamente, la existencia nos va arrebatando las ilusiones una a una para que las sustituyamos por ilusiones nuevas.

Las sucesivas decepciones nos van situando en escenarios cambiantes, como si nuestra vida fuera una serie televisiva cuyo guión debemos escribir e incorporar historias para la producción: alguna meta por la que luchar, algo que crear, cuidar, comprender, reponer… en suma, «algo para lo cual mantenernos pedaleando».

Del mismo modo que una serie televisiva en la que de pronto todos los protagonistas consiguieran cuanto desean sería la más aburrida jamás vista, muchas personas entran en un estado de *vacío* cuando la vida les lleva a una situación a partir de la cual carecen de un argumento, de algo por lo que luchar (padres cuyos hijos se han emancipado, personas que al jubilarse abandonan toda actividad, etc.).

Las aspiraciones mantienen nuestra vitalidad, de modo que si a alguien se le concedieran de repente todos sus deseos, la situación podría –lógicamente– desesperarlo al cabo de poco tiempo. Esto convierte el flujo de nuestro buen humor en una constante incombustible: una misión vitalicia.

¿Y si nuestra gesta es lo bueno?

SIN BUEN HUMOR	CON BUEN HUMOR
Combatimos contra...	Cooperamos para...
Nuestras penas son mala suerte.	Nuestras penas son exigencias del guión.
Lamentamos el acto acabado.	Damos la bienvenida al acto iniciado.

A través de nuestras ilusiones apreciamos la melodía de la vida, intangible, bella, repleta de sentido y razón. Lo que llena nuestros días no es un objeto valioso concreto sino la quimera de alcanzarlo, que existe como potencial en nuestro interior. Ese algo espera que lo desarrollemos para brillar como el caudal del buen humor. Es un estado del alma.

Ejercicio. Escucha tu música preferida y dedícate un tiempo a permitir que tu inconsciente evoque –como en un videoclip– imágenes de ti mismo viviendo y siendo como en realidad más feliz, alegre y satisfecho sientes que serías. Deja que las imágenes acudan a tu mente, respíralas y observa: dónde y cómo estás, el entorno, la luz, los colores, qué parece que haces, qué aspecto ofreces, qué sentimientos transpiras, cómo vas peinado, cómo vistes, qué circunstancias te rodean y qué pareces haber aprendido que todavía no sabes. Deja que tu imagen como ganador en el juego de la vida te confiese su secreto para lograr el triunfo antes de despedirte con un abrazo. Consigue que te entregue la fórmula. Y saboréala mientras condensas la respiración diez veces.

¿Cómo va a ser de verdad importante si te lo dicen?

> Parecer discreto vale tanto como entender una cosa, y es mucho más fácil.
>
> OSCAR WILDE

Una esposa pregunta a su marido:

–Ya van varias veces que suena el teléfono y, cuando contesto, no dicen nada. ¿Sabe quién puede ser?

A lo que él contesta con mirada cómplice:

–¿Un mudo quizá?

Suele decirse que el sentido común es el menos común de los sentidos; pero también se dice que parece ser la cosa mejor repartida del mundo, pues nadie se queja de tener menos del necesario. Todos sabemos que el sentido común es la sensatez, la capacidad de pensar, sentir y comportarse de forma acertada.

Tal como explica Juan Gerardo Garza Treviño: «El sentido común equivale a ver y evaluar las cosas con profundidad y acierto. Es descartar lo accidental e ir a lo esencial». Algo sin duda muy relacionado con ser claro y oportuno y dominar el arte de vivir, asunto que ha ocupado el interés de sabios de todas las épocas y sobre el cual nunca estudiaremos suficiente. Pero ¿quién pone en duda que para el común de los mortales estos temas son aburridos? La mayoría de las personas aspiran a lo regalado, a lo fácil, a lo exagerado y se mueven ávidos de acaparar más y más información en detrimento de su interés por lograr más formación o sentido común. Resultado: perdemos la perspectiva y nos es difícil ver lo obvio cuando hace tiempo que nos está rozando.

Por ejemplo: una persona se esfuerza en ganar mucho dinero para poder pagar a alguien que cuide de sus hijos, sin caer en la cuenta de que lo verdaderamente valioso hubiera sido disfrutar de su infancia; otra persona tiene una semana de vacaciones y se va a las antípodas, perdiendo más tiempo en el viaje de lo que disfruta la estancia cuando disponía de sitios maravillosos en su país.

Normalmente, nadie advierte de su enorme metedura de pata a quien comete un error de tal calibre, si bien resulta público y notorio al común de los mortales menos al protagonista de la supuesta hazaña.

En su libro *La inteligencia exitosa,* Robert J. Sternberg trata lo que denomina el «conocimiento tácito» como ingrediente clave para el triunfo en la vida: «El conocimiento tácito es el aspecto de la inteligencia exitosa que nos ayuda a adaptarnos a los respectivos medios, al aprender cómo funciona el sistema y hacerlo funcionar para nosotros».

Las cosas más importantes para salir bien parados en las circunstancias clave no suelen ser dichas, por el contrario; debemos aprenderlas a fuerza de observar lo que pasa. Así, las personas adaptables y capaces de llegar a donde se proponen son aquellas que formulan conocimientos condicionales para sí, que el resto jamás llega a ver. Por ejemplo:

- Si tu novia, tu mujer, tu hija... ha ido a la peluquería y quieres evitar problemas, es mejor demostrar que te has dado cuenta y halagar su aspecto.

- Si tu compañero, tu amigo, tu colega... se presenta especialmente serio... y su equipo de fútbol preferido perdió por goleada... y quieres pedirle un favor, es mejor esperar a otro momento.

Los casos concretos se presentan a los ojos de todos, pero solamente las personas despiertas se percatan de que lo más importante suele ser lo que callamos. Los problemas en la comunicación se deben muchas veces al hecho de esperar que todo sea explícito, cuando en realidad lo importante suele ser lo que no decimos. Eso da lugar a situaciones irrisorias:

- **El sentido común es el menos común de los sentidos.** La persona con la que nos cuesta relacionarnos tiene tres prioridades que debe satisfacer antes de colaborar en facilitar nuestra relación:
  - Ser reconocida.
  - Ser apreciada.
  - Ser entendida.

  Por tanto, será prácticamente inútil que le pidamos facilidades para comunicarnos si antes no le ayudamos con sus prioridades.
- **Emisión y recepción no siempre coinciden.** Muchas veces, lo que creemos expresar no es lo que el otro percibe. Por muy claro que alguien crea ser, el otro tiene ideas, mecanismos emocionales y sentimientos distintos; en suma, una forma distinta de interpretar la realidad.
- **El mensaje está en nosotros mismos.** Hay muchas cosas que comunicamos de modo implícito, con nuestro lenguaje corporal, y que el otro recibe e interpreta sin que seamos conscientes de ello. Nuestra actitud, respiración, mirada, postura, tensión, laxitud, tono, etc. influyen –y a veces boicotean– el entendimiento.

- **La honestidad es opcional.** En muchas ocasiones, cuando dos personas afirman querer dialogar, en realidad sólo quieren que el otro les escuche, les comprenda y les dé la razón. Nuestra responsabilidad es ser sinceros con nosotros mismos, lo cual supone un gran desafío.

¿Y qué si somos distintos?

SIN BUEN HUMOR	CON BUEN HUMOR
Nos enfrentamos al otro como alguien que debe reaccionar ante nosotros de un modo concreto.	Nos acercamos al otro con deferencia hacia su singularidad y dignidad.
Esperamos y/o exigimos aprecio de la otra persona.	Valoramos y mimamos el vínculo personal.
Nos tomamos cuanto el otro hace o deja de hacer personalmente, achacándole toda infracción.	Nos hacemos protagonistas decisivos y responsables al 50% del devenir de la relación.

Mientras las cosas funcionan como deseamos, creemos entendernos perfectamente; sin embargo, la sorpresa y la adversidad ponen a prueba la comprensión mutua en una relación. Entonces resulta de gran ayuda esbozar una sonrisa para sentir que más allá de si se coincide, se comparte y se es de ayuda con hechos intentamos –en cualquier caso– potenciar nuestros buenos sentimientos. A la hora de la verdad, el saldo sentimental es lo que cuenta.

Ejercicio. Piensa en una relación con alguien a quien amas pero que resulta muy complicada y difícil de llevar, e imagínate reencontrando a esa persona y demostrándole de manera serena y sostenida estas tres cosas: reconocimiento, aprecio y entendimiento. ¿Notas que alguna tensión, culpa o miedo se resuelve?

¿Y si inventamos una alternativa?

Empieza todos los días con un buen desayuno
y llegarás siempre tarde a tu trabajo.

Recién licenciada, asistí a un curso de formación en Madrid y opté por alojarme en un piso de estudiantes que me recomendó una conocida. Mi compañera de habitación resultó ser una joven gallega muy activa y creo que bienintencionada, que a la sazón parecía tremendamente desocupada. El problema era que fiscalizaba todos mis movimientos. En una ocasión, cuando me disponía a cenar, metió los dedos en mi plato para separar unas rodajas de tomate de un filete de merluza que consideraba que yo había dispuesto de forma inadecuada. Su interés por mi ropa y mis cosas hacía que la encontrara constantemente curioseando en mi parte del armario; cuando no fisgoneaba entre mis pertenencias, se esforzaba por charlar conmigo. Intuí que si le pedía que no tocara mis cosas iba a tomárselo como una ofensa, pero también sabía que si no lo hacía ella seguiría invadiendo mi privacidad. Finalmente, opté por la siguiente solución: «Alicia –le dije con una sonrisa–, la próxima vez que ordenes mi armario quisiera que doblaras mejor la ropa y, de paso, que me prepararas lo que he de ponerme el día siguiente. Además, ya que controlas tan bien la cocina, espero que seas tan amable de preparar mi cena junto con la tuya todas las noches, porque ya sabes que es algo que a mí se me da fatal. –Luego añadí–: La verdad es que en nuestra habitación quedan todavía muchas cosas por limpiar, ordenar y arreglar, así que te he confeccionado una lista de tareas para que te encargues de ellas». La estudiante de magisterio frunció el ceño, tomó la lista sin hacer ningún comentario y dejó de entrometerse.

- **Jardinería de la relación.** Cuanto más próximas, más cuidados de mantenimiento requieren las relaciones. Todos somos autodidactas que aprenden observando qué funciona y revitaliza la relación y qué no. Aunque el vínculo humano es siempre valioso, a veces vemos que una relación que se mantenía para intercambiar atención y comprensión se ha deteriorado, y puede darse el caso de que no tenga arreglo posible. Como una planta cuya raíz se ha helado o se ha secado, lo más inteligente es aceptarlo y dejar de malgastar energía en algo que deviene en sufrimiento innecesario.
- **Comprendamos lo implícito.** Lo que no se dice ni se ve con los ojos suele ser lo más importante en una relación. Si alguien no da muestra de reconocernos, respetarnos, ni es sensible a nuestros sentimientos, evitemos mostrarnos vulnerables ante ese alguien. No podemos dirigir el curso del amor que sentimos por otra persona, pero sí graduar el volumen de la relación.
- **Doble vínculo.** A veces, el malestar en una relación surge de la consideración de una única alternativa cuando en realidad hay más. Cuando eso ocurre, nos sentimos atrapados; por ejemplo, si alguien con quien queremos estar a solas nos pregunta: «¿Quieres que nos acompañen mi madre o mi tía?», ninguna de las opciones va a satisfacernos. Cuando quedamos atrapados en una disyuntiva semejante, en la cual nada cuadra porque hay un doble juego, sólo aplicar el ingenio nos servirá para salvaguardar el buen humor. Entonces la opción correcta se encuentra en otro nivel, en otra versión. En nuestro ejemplo, estaría entre «dejarnos manipular» y «disgustar a la otra persona». Si optamos por usar el sentido del humor, damos en el clavo y accionamos un nuevo estado de la relación; por ejemplo: «¿Qué prefieres, que tu madre y tu tía vayan juntas o que

vayamos tú y yo?». Así, habremos llegado a un punto de escepticismo divertido gracias al cual, aunque el otro no actúe como nos gustaría, ambos nos reconocemos y respetamos, posibilitando de ese modo una buena relación.

Con frecuencia, cuando creemos que estamos atrapados entre dos opciones indeseables, nos mostramos cohibidos. Entonces nos sucede como en el tétrico cuento titulado «Ante la Ley», de Franz Kafka, en el que el protagonista se abstiene de atravesar una puerta sólo porque un guarda le avisa de que después encontrará más, cuando de hecho la puerta está abierta y podría franquearla fácilmente. Somos nosotros mismos los que asumimos nuestras posibles limitaciones, y al anticiparlas o darlas por hechas, les damos entidad. Intentémoslo siempre. ¿Puede haber otra solución?

¿Qué nos pasa en las encrucijadas?

SIN BUEN HUMOR	CON BUEN HUMOR
Rigidez: percibimos que la situación determina el resultado.	Elasticidad: percibimos qué intentamos y para qué.
Rebote: nos justificamos.	Reflexión: cuestionamos nuestros discursos.
Energía reducida: ante la dificultad, trasladamos el problema a otro lugar («los culpables», «las circunstancias», etcétera).	Energía ampliada: ante la dificultad, nos elevamos y vemos las posibilidades desde otro plano, en un contexto más amplio.

El sentido del humor nos permite reconducir nuestras reacciones salvaguardando nuestro bienestar mediante el agradecimiento.

Con éste creamos nuevas categorías, revelando que las que contemplábamos son sólo una parte de las posibles y fomentamos una sana autoestima, pues demostramos ser poseedores de inteligencia y creatividad suficientes para encontrar siempre oportunidades nuevas, más divertidas, finas, ricas y ajustadas a la realidad.

Ejercicio. Piensa en una cuestión que en este momento despierte tu mal humor, mientras paseas en un entorno tranquilo por espacio de diez minutos; permite que cada paso que des se sincronice con una solución inédita, una alternativa constructiva o una actitud sorprendentemente positiva ante la cuestión. Al acabar el paseo, retén lo que te haya parecido más revolucionario y acertado.

¿Quién nos enseña sentido común?

> No ames lo que eres, sino lo que puedes llegar a ser.
>
> MIGUEL DE CERVANTES

Un anciano comerciante se encuentra rodeado de su esposa y sus descendientes en el lecho de muerte. Los va llamando uno a uno por sus nombres:

> –¿Está Mariano? ¿Está Adela? ¿Está...?
>
> Todos van contestando, compungidos:
>
> –Sí, abuelo, aquí estoy.
>
> El hombre sigue nombrándolos hasta llegar al más joven, que responde lo mismo que el resto. El anciano saca entonces fuerzas de flaqueza para reprocharles con severidad:
>
> –Entonces, ¿se puede saber quién vigila la tienda?

Todos sabemos que lo importante, lo esencial y lo urgente son conceptos que a veces se interrelacionan de un modo complejo. Tiene menos mérito ser genial que gozar de sentido común, porque a todos nos enseñaron lo «supuestamente» importante: leer, contar, estudiar, incluso algún afortunado aprendió a tocar un instrumento. Pero el conocimiento más básico se da por descontado: ¿quién nos enseña a utilizar la mente con sensatez? ¿Quién a comprender los propios pensamientos y cómo nacen y crecen nuestras ideas para gestionarlas a voluntad? Prácticamente nadie enseña a los niños a sentirse responsables de sus sentimientos, ideas y conductas, ni por tanto de su escala de valores en la vida.

Para ello, suponemos que las criaturas se basan en un «modelo», pero ¿sabemos con quién dejamos a los niños? En una sociedad cabal la profesión de maestro sería la más importante de todas y todos los adultos se implicarían en la educación de todos los niños. Porque no educa sólo la familia, sino también la tribu y la sociedad; cada uno a su nivel.

El tiempo se erige también en un gran maestro, salvando el detalle de que tarde o temprano acaba con sus alumnos. Si miramos atrás, descubrimos que el poder del que disfrutamos es el resultado de la constancia y la paciencia que hemos demostrado en la prosecución de nuestros objetivos; de nuestra capacidad de mantenernos en contacto con esos objetivos, o «para qué» hacemos lo que hacemos, dependerá nuestra satisfacción.

Si disponemos de una misión que nos conmueve y llena, nos sentiremos concentrados, implicados e incluso apasionados con nuestra empresa, cualquiera que sea, en donde y cuando quiera que estemos.

¿Y qué si los demás carecen de valores?

SIN BUEN HUMOR	CON BUEN HUMOR
Nos perdemos con las pasiones.	Nos divertimos con los detalles y valoramos lo esencial.
Vemos, a corto plazo, un día a día más o menos vacío.	Vemos nuestra misión: un *para qué* conmovedor.
Al perder de vista el objetivo, nos encontramos sin sentido ni valores; desmoralizados.	Al vivir nuestra ocupación como parte inherente de nuestra ilusión y valores, gozamos intensamente.

Cuando nos observamos nos damos cuenta de lo importantes que son nuestros valores, nuestra misión, nuestras creencias e ilusiones y luego las consecuentes ocupaciones, pues a la larga son lo que marca nuestra vida.

El realismo y el sentido común consisten en tenerlos siempre presentes para realizarnos y coordinarnos con las personas de nuestro entorno.

Ejercicio. ¿Cómo le explicarías a un extraterrestre recién llegado el significado de la frase: «El sentido común es el sutil aprendizaje que proporciona la vida»?

¿De qué reiríamos si fuera todo ideal?

Un compadre le dice a otro:

–Mi mujer habla todo el tiempo sola. No sé si preocuparme.

A lo que su amigo repone:

–Tranquilo, la mía también, y además cree que la escucho.

MICHAEL HODGIN

Como todo anfitrión, cuando invito a una taza de té cumplo un ritual propio. Éste incluye ciertos pasos que sigo parsimoniosamente. Por ejemplo, antes de servirlo pregunto a mi invitado:

–¿Azúcar?

Y sea cual sea su respuesta, añado:

–Está bien, precisamente he leído que el azúcar en realidad no engorda.

Ante lo cual mi invitado suele mostrarse más o menos contrariado o curioso hasta que añado:

–Sí, al parecer quien engorda es quien lo toma.

La interacción personal nos expone a todo tipo de sorpresas, desde las más absurdas hasta los verdaderos sobresaltos. De hecho, en un mundo ideal, todo sería perfecto e inteligente, pero entonces ya no hablaríamos del buen humor: no existiría, pues no sería necesario. Imaginemos por un momento, aunque sea difícil, que en nuestras relaciones todo fuera predecible, amable, bondadoso, educado, apacible, comprensivo y comprensible, es decir, carente de conflictos externos y por lo tanto internos. Si a las personas que vivieran en ese edén les habláramos del sentido del humor y del buen humor, no sabrían a qué nos referimos.

Así, gracias a todo cuanto nos sorprende o contraría podemos enfocar el buen humor como:

- **Oportunidad** de estrenar un acto nuevo en la obra de nuestra vida.
- **Aceptación** de qué es lo esencial o lo importante, reconociendo también de buen grado lo que nos parece francamente mejorable.
- **Reencuadre** que nos facilita el replanteamiento de las prioridades, órdenes y valores nuevos. Es bueno que algunas iniciativas fracasen o se agoten para que continuemos intentando mejorar.

Además, una vez superada la sorpresa, el susto o la crisis, es habitual que la relación sobreviva cualitativamente reforzada.

En ocasiones, alguna pareja acude a consulta con la demanda de «solucionar un conflicto de comunicación»; sin embargo, a la pregunta de si están dispuestos a intentar cambiar alguna conducta por el bien de la relación, una de las partes reconoce abiertamente no estarlo. Lo mejor es reconocerlo de entrada, pues el hecho de aceptar la realidad no tiene nada de malo. A veces, por triste que parezca, una de las partes hace la demanda sólo para que un profesional riña al otro y le ordene obedecerle más; aunque pueda sonar absurdo, es una realidad oculta en algunos hogares que sólo a la luz exterior se revela como tal.

En el peor de los casos, se niega algo que en realidad sí está ocurriendo. Es el caso de los matrimonios en los que una de las partes describe a la otra como «futuro ex amigo/pareja/colega...»; es decir, reconoce que la relación es insatisfactoria o destructiva, sabe que algo debería cambiar, pero se opone a hacerlo y a asumir responsabilidad alguna. Si alguien (la víctima) vive una relación penosa en la que la otra parte se niega a cambiar y se limita a exigir y cree que se encuentra en la disyuntiva salvar o no salvar la relación, está destinado al fracaso. En este tipo de situaciones, la presunta necesidad de lograr la victoria por parte de la víctima (salvar una relación sentenciada) entraña forzosamente una derrota.

El buen humor trata de la aceptación y la renovación constantes como una corriente de energía invisible pero perceptible que nos alienta a adaptarnos a las circunstancias y a evolucionar a mejor. Gracias al humor nos sentimos libres de reaccionar o de no hacerlo, de relacionarnos o de no hacerlo; en suma, de elegir la actitud que prefiramos.

Ejercicio. Imagina que eres el guionista de una serie que lleva por título tu nombre y apellido. Inventa un subtítulo, un argumento, y un eslogan para los anuncios televisivos.

¿Cuántas desgracias justifican el victimismo?

> La imaginación nos fue concedida para compensarnos por lo que no somos; el humor, para consolarnos de lo que somos.
>
> FRANCIS BACON

En cierta ocasión –por motivos que no detallaré– me vi involucrada inopinadamente en una actividad psicológica grupal de las que –con todos los respetos– considero aberrantes. Se trataba de un taller en una onda «dogmática», en que se estimulaba a los participantes a expresar sus resentimientos, amarguras y carencias afectivas infantiles, como si eso fuera a hacer que su acritud se esfumara. Cuando llegó mi turno, la monitora me animó: «Y ahora tú: ¿Qué vas a compartir sobre el rechazo que sufriste de niña?». Yo, en el tono pusilánime de alguien que ya ha explicado lo mismo docenas de veces, musité con gesto apesadumbrado: «Mis padres me echaron al contenedor de la basura para deshacerse de mí. Si sobreviví fue gracias a que un guardia me oyó gemir, recogió la bolsa de plástico en la que me encontraba, indagó hasta dar con la puerta de mi casa y dijo a mis padres: "Señores, creo que el bebé se les ha caído en la basura"». Los participantes, atónitos, esperaban permiso para liberar la tensión creada por mi drama. Sin duda gané el concurso de resentimientos sonados en cuanto uno de los asistentes soltó el trapo, pues ya todos estallamos en una profunda y liberadora carcajada.

Desafortunadamente ha habido muchos niños que cada tarde, cuando salían del colegio, se preguntaban si sus padres podrían ir a recogerlos; otros, por el contrario, crecieron atemorizados al verlos día tras día en la puerta de la escuela. La costumbre de mirar al pasado en busca de razones para el lamento y las heridas justifica el resentimiento, uno de los sentimientos más tóxicos que existen. Para colmo, el victimismo nos permite achacar a terceros la responsabilidad de las deficiencias en nuestra vida, incapacitándonos para ayudarnos a nosotros mismos.

Un error muy extendido y tácitamente aceptado es que «la vida debe resultarnos fácil y no tenemos por qué sufrir ningún dolor». Esta falacia contribuye a que cualquier contratiempo se convierta en un hecho para el que una persona no está preparada y ante el cual exija responsabilidades a los demás. Para alguien que parte del axioma de que tiene derecho a «vivir sin penalidades» su pasado se convierte en una gran injusticia; su presente, en una fuente constante de rabia y malestar, y su futuro, en una incertidumbre indignante.

Si superamos esta falacia y asumimos que la vida entraña pares de opuestos inseparables (salud y enfermedad, placer y dolor, alegría y tristeza...), colocamos el ayer –por deficiente que fuera– en el pasado y vemos que el ahora –aunque sea mejorable– ofrece ciertos resarcimientos, quizá los suficientes para poner en jaque nuestro mal humor y gratificarnos.

- **Lo perdido** es algo que, al menos, tuvimos y con lo que dimos un giro a nuestra percepción de la situación.
- **Lo padecido,** el hecho de que las cosas fueran duras nos ayuda a ponderar su importancia, pues las triviales tienden a detectarse o desaparecer y las importantes se aprecian y persisten.
- **El valor** que otorgamos a las desgracias o las penalidades nos demuestra su significado sentimental. Podemos reinterpretar el significado de nuestra existencia equiparando lo sufrido a la autosuperación.

¡Pensemos en nuevas posibilidades! Nuestra vida sin eso cambia... ¿En qué –por ínfimo que parezca– podría mejorar? Si toda cara tiene su cruz, toda cruz... tiene su cara.

Digan lo que digan los buscadores de traumas, las penalidades que sufrimos pueden y deben, por supuesto, quedar atrás. Está en nuestra mano la tarea de digerirlas y desdramatizarlas, comprender que no volverán y que nuestra vida se escribe sólo hacia delante. De ese modo desechamos la autocompasión compulsiva y damos paso a una sana e ingeniosa noción de la resistencia, el mérito, o incluso la heroicidad, en el centro de nuestra espina dorsal.

Ejercicio. ¿Cómo sería interpretar esa pérdida como el inicio de una gran aventura? ¿Qué ves con este nuevo enfoque que antes no veías? ¿Puedes escribir un resumen argumental en tono dramático? ¿Y en tono cómico? ¿Cómo te sientes mejor?

¿Y qué si sufrimos?

SIN BUEN HUMOR	CON BUEN HUMOR
Lamentamos nuestro padecimiento.	Agradecemos lo disfrutado anteriormente, pues toda cara tiene su cruz.
Agravamos nuestro sufrimiento al pensar en él.	Reconocemos el contrapunto al padecimiento y el valor del placer.
Nos venimos abajo.	Revelamos el núcleo de nuestra capacidad de resistencia: la energía del buen humor.

Ejercicio de acción 1. Abrimos: puliendo la cabeza

- **Realización.** Colocamos los dedos en arco igual que si fuéramos a tocar el piano y los deslizamos simétricamente peinando toda la superficie del cuero cabelludo en sentido descendente: desde la parte más alta hasta la base del cráneo. Después, desde la parte frontal hacia atrás, diez veces, espirando cada vez que las yemas de los dedos rastrillan nuestra cabeza.
- **Ventajas.** Sentimos la cabeza mejor irrigada y más relajada.
- **Objetivos.** Entrar en contacto con nuestra cabeza como parte de nuestro cuerpo: hacerla existir como una parte más.
- **Advertencias.** Si realizamos correctamente este ejercicio, advertiremos que nuestra cabeza no solamente es la máquina que nos mantiene ocupados gran parte del día, cuando no todo, sino también una parte delicada de nuestro cuerpo que podemos mimar físicamente para mejorar su uso.

- **Signos de que la práctica es útil.** Nuestra cabeza queda en calma, como si los pensamientos se espaciaran para volverse más brillantes y valiosos.

Ejercicio de acción 2. Cabezadas brillantes

- **Realización.** Sentados con las piernas cruzadas, realizamos pequeños movimientos circulares con la cabeza, sincronizándolos con nuestra respiración (una respiración, una vuelta). Practicaremos el ejercicio diez veces, ampliando paulatinamente el movimiento y graduándolo según paute nuestro cuerpo; con la práctica, podremos llegar a realizar con comodidad movimientos verdaderamente amplios. A continuación, repetimos el ejercicio en la dirección contraria.
- **Ventajas.** Flexibilización y soltura del cuello y el tronco, para distender la musculatura externa y tonificar la más profunda.
- **Objetivos.** Agilidad y sensación de control, sintonía, adaptación y escucha voluntaria.
- **Advertencias.** Los músculos del cuello son delicados y complejos. Su equilibrio es maravilloso, por lo que cualquier giro precisa suma delicadeza. En esa zona, con movimientos apenas perceptibles al ojo de un observador, logramos cambios espectaculares en nuestra actitud y estado de ánimo.
- **Signos de que la práctica es útil.** Nuestro cuello parece haberse alargado de modo natural, como si en su interior se hubiera cargado de energía y fuerza, al tiempo que en su parte periférica está más suelto y distendido. Las escápulas se recolocan por sí solas, equilibrando mejor nuestros hombros de modo natural.

CAPÍTULO 13

Mofémonos de exageraciones y locuras

(Uso del champú del buen humor para organizarnos)

> Aprender sin pensar es tiempo perdido.
> Pensar sin aprender es peligroso.
>
> CONFUCIO

¿Y qué si vivimos rodeados de irracionalidad? Si bien sería preferible que imperara la racionalidad, somos capaces de vivir sin que así sea. Gracias al humor juicioso, nos sentimos satisfechos de nuestra moderación, discreción y objetividad; si lo practicamos, nos organizamos con más cordura para manejar los torbellinos, decepciones, contrariedades y miedos que llenan nuestra mente, ganando fluidez.

Si queremos abrirnos para que nuestro buen humor se exprese cómoda y tranquilamente, conviene que detectemos la gran cantidad de disparates que nos acechan. Para ello, desarrollamos el humor propio de un espectador; es decir, dedicado a templar nuestros ánimos y medir las distancias, de modo que sintamos cada vez mayor desapego y sensatez.

¿Nos vemos con ánimos de superar nuestra normalidad?

> Aquellos que crean en la telequinesis, que levanten mi brazo.
>
> MR. CHINOTE

Hace algunas décadas, el mercado editorial se vio inundado por una serie de títulos relacionados con la descripción de un presunto fenómeno universal en virtud del cual estaban sucediéndose cada vez con mayor frecuencia los nacimientos de niños poseedores de dones extraordinarios, como telequinesis, clarividencia o percepción extrasensorial; en suma, niños «superdivinos». Según esas teorías, los niños pertenecientes al estadio de la evolución supuestamente superior al nuestro podían y debían ser estudiados y cuidados como seres supranaturales nacidos para mejorar nuestro planeta. Esa corriente ejercía un gran atractivo, puesto que siempre que alguien mencionaba el tema en un grupo de padres, una parte importante –si no la mayoría– daba muestras de darse por aludida «porque su criatura encajaba en la descripción». El excelente negocio que supone informar a los padres de que su niño es un portento, cómo demostrarlo y tratarlo como tal es pasmosamente fácil. Este hecho contrasta cómicamente con las dificultades que afrontan los gabinetes psicológicos que llevan a cabo estudios de inteligencia y capacidades en las escuelas mediante procedimientos fiables y científicamente contrastados con el fin de orientar profesionalmente a los alumnos. Antes de entregar los resultados, los psicólogos deben advertir a los padres de que no pidan una revisión del test sólo porque los resultados de su vástago sean normales, porque ser normal no sólo es lo normal, sino que es también una buena cosa.

Es tal nuestra subjetividad, nuestra confusión entre lo que deseamos y lo que la realidad nos ofrece que, cuando alguien nos indica que el nivel de capacidad de nuestra criatura es el normal en la mayoría de los rasgos, son muchos los padres que sufren un duro desengaño. Sin embargo, no es necesario que seamos padres para saber cuántas veces nuestras falsas expectativas perseveran contra toda evidencia a causa de una deficiencia más o menos parcial del sentido del humor. Veamos sólo algunos ejemplos, aunque serían innumerables (el pensamiento implícito se indica entre paréntesis):

- «Salgo mal en todas las fotos.» (= «Mi cara no tiene nada que ver con el problema.»)
- «La gente no me comprende.» (= «Si yo me explico bien o no es cuestión aparte.»)
- «Nadie me ayuda.» (= «A los demás sí les ayudan sin pedirles nada a cambio.»)

La razón de que el diálogo nos resulte tantas veces prácticamente inútil o muy lento se debe a que lo establecemos para oír del otro lo que deseamos escuchar; si nuestro interlocutor nos ofrece datos contrastables que no coinciden con nuestras aspiraciones, desconectamos o pedimos otra respuesta.

Cuando alguien ha aprendido a llevar con buen humor este hecho pasa a ahorrarse mucha energía, pues:

- Admite que en el ámbito de las relaciones personales existen normalmente múltiples situaciones imposibles de entender porque no son lógicas, ni por tanto comprensibles.
- Reconoce que raramente nos entendemos a nosotros mismos, con lo cual es ingenuo pretender que los demás sí lo hagan.
- Valora más las relaciones que son fáciles, naturales, fluidas y sin doblez.

- Evita complicaciones inútiles en sus intercambios, buscando simplificar las relaciones desde el interior.
- Es dueño de sus sentimientos y cuestiona sus pretensiones, con lo cual pone coto a sus ansias de grandeza, dominio, avaricia, dependencia, etc.
- Puesto que no se toma la dificultad que entraña la relación con otros seres como una cuestión personal, extrae aprendizajes importantes. La consideración del coste personal que a lo largo de la vida nos supone empezar, cuidar y mantener relaciones personales nos estimulará a aprovechar las lecciones que éstas nos proporcionan.

¿Qué hacemos si nuestros resultados nos horrorizan?

SIN BUEN HUMOR	CON BUEN HUMOR
Exigimos que las cosas sean como esperábamos.	Aceptamos que las cosas son como en realidad son.
Hacemos de nuestra decepción un drama y, a los demás, culpables.	Hacemos de nuestra decepción algo predecible y jocoso y la aprovechamos para reír.
Lamentamos lo terribles que son los demás.	Aprendemos de nosotros mismos por lo que nos acontece con los demás.

«Los hallazgos astronómicos actuales señalan que el espacio es finito, lo cual resulta esperanzador. En especial para quienes nunca recuerdan dónde dejan las cosas», nos explica el célebre humorista Woody Allen.

Si bien es cierto que a lo largo de la vida perdemos demasiadas cosas valiosas, el rasgo de que algo sea pasajero lo dota quizá de más encanto, como prueba el hecho de que siempre nos decepciona descubrir que unas flores son artificiales, aunque hayamos tenido que morderlas para averiguarlo.

La ciencia ha demostrado que la materia es básicamente una organización de energía intangible que, al moverse virtualmente en una forma dada, genera una imagen. En realidad, sentimos una imagen de algo que ni siquiera teníamos con otra imagen de la misma consistencia física: nuestro cuerpo. Lo importante pues está en nuestro ser trascendente y cuanto sentimos es lo que marca la diferencia.

Cómo vivimos las cosas que logramos, que tenemos, que disfrutamos, que nos preocupan y que perdemos es en esencia un reflejo de lo que nuestro interior es capaz de sintonizar. Si estamos conectados con nuestro interior, todo adquiere un cariz más grato y revierte, al fin, en nuestro beneficio.

Ejercicio. Piensa en algo que hubieras hecho con ilusión si en el pasado el destino te lo hubiera permitido, pero que con el paso de los años sabes que te hubiera supuesto una desgracia. Piensa luego en algo que en principio no querías pero la vida te impuso y después significó para ti una enorme ventaja y fuente de alegrías. ¿Qué frase resumiría lo que sientes tras este ejercicio?

¿Estamos por encima de que nuestro plan se venga abajo?

> Si tenemos esperanza en el futuro es porque Dios tiene sentido del humor, y nosotros le divertimos.
>
> BILL COSBY

La humanidad invierte una asombrosa cantidad de energía y tiempo en intentar cosas que no pueden hacerse. Están las personas decididas a mantenerse siempre jóvenes, o las que intentan parecer más inteligentes de lo que son, cuyo cometido es convencer a los demás de algo que los cinco sentidos desmienten. ¿Y qué hay del ridículo empecinamiento de quienes intentan remodelar a otro?: padres e hijos que quieren corregir en el otro rasgos temperamentales innatos e inalterables, cónyuges que intentan con denuedo cambiar la personalidad de su pareja, etc. Si reparamos en cuánto empeño ponemos en cosas que no están bajo nuestro control, coincidiremos en que Dios debe de pasarlo en grande con nuestros planes.

Si asumiéramos con honestidad todo lo que no está en nuestra mano, sentiríamos un alivio inmenso. De pronto, algo en nuestro cuerpo exclamaría: «Vaya, no hacía falta ponerse tenso, ni correr, ni insistir... ni ser tan pesado. ¡Qué liviandad y cuanta energía liberada para vivir y disfrutar del ahora o esforzarme en algo que sí dependa de mí!».

La admisión de lo inevitable es algo que vivimos por las buenas o por las malas, y resulta más gratificante hacerlo de la primera forma. Ante el hecho inexorable de que todo lo material (los objetos, los edificios, las obras de arte e incluso nuestros cuerpos) se deteriora, resulta crucial que hagamos lo posible para conservarlas, desistiendo de pretender ridículamente lo imposible. La diferencia entre «hacer lo mejor con lo que hay» y «oponerse o negar lo que hay» es, si lo observamos con detenimiento, muy clara. Todos distinguimos, por ejemplo, un monumento bien conservado de uno que ha sido remodelado traicionando su esencia primigenia en pro de una falsa mejora.

Nuestro cuerpo y nuestra mente pueden atesorar la energía de nuestro buen humor configurando nuestra alma, que supervisa pero además trasciende nuestro ser. Cada vez que nos concentramos en ella nuestra fuerza de buen humor cobra entidad, al tiempo que va convirtiendo lo que eran problemas en comprensión y claridad.

Bastante trabajo tenemos con poner orden en nuestro interior y mejorar, como para organizar la vida y los sentimientos de otro. Si una persona se hace responsable de sus procesos mentales, sentimentales y vitales está poniendo su grano de arena para la evolución a mejor de su conciencia.

¿Y qué si ciertas cosas no están en nuestra mano?

SIN BUEN HUMOR	CON BUEN HUMOR
Nos enfrentamos y somos sinceros con quien no lo pide.	Nos reservamos nuestro criterio y nos divertimos para nuestros adentros.
Actuamos como los demás y nos dejamos llevar por la mayoría.	Nos damos cuenta de que la mayoría actúa muchas veces con poca cordura.
Sentimos impaciencia y rabia.	Sentimos paciencia y vemos la comicidad.

Ejercicio. Recuerda una actividad durante cuyo desempeño sentiste que dabas lo mejor de ti mismo, empleándote y fluyendo al máximo de tu potencial. Deja que acuda a tu mente qué debes hacer para que esa sensación de acierto en las metas, la dificultad y el potencial de realización idóneos coincidan.

La enseñanza académica del llanto (llore ahora y verá qué bien)

Sólo estás aquí para una breve visita,
así que asegúrate de hacer una pausa
y oler las flores.

WALTER HAGEN

Hace algún tiempo participé en un cursillo organizado por los defensores de una corriente «terapéutica» promovida por un conocido autor. En la sala había tres autodenominados terapeutas que cuchicheaban entre ellos mientras miraban a los más de cien participantes desde un entarimado. La actividad central o cenit de la estancia resultó ser una sugestión guiada cuyo objetivo era que los participantes recordáramos sufrimientos y culpas hasta prorrumpir en llanto. Viendo que yo no lloraba, una de las «terapeutas» avanzó entre la lacrimosa multitud hasta mí, y me preguntó contrariada: «¿Por qué no lloras?». Con la sinceridad que me caracteriza, repuse espontáneamente: «Es que no tengo ganas», a lo que ella, visiblemente enojada me espetó en tono de maldición: «Estás perdiendo tu oportunidad para siempre». Obviamente, en su formación de terapeuta nadie le había enseñado que lo único que separa «no querer» de «no poder» llorar es un puñetazo en la nariz o, en su defecto, multitud de situaciones de las que la vida desgraciadamente nos surte.

Desde mucho antes de que se inventaran las terapias para «aprender a llorar», la condición humana nos configura como protagonistas de una película con un desenlace fatal y archiconocido: el personaje principal acaba indefectiblemente muerto. Aun antes de entender que no hay un final peor, nacemos llorando y lloramos cuando perdemos a nuestros seres amados; así pues, lo que menos necesitamos es pagar para emplear los fines de semana acudiendo a terapias para «aprender a llorar». Cuando las situaciones se fuerzan con el fin de resultar lacrimógenas, el patetismo es tan desproporcionado que roza la comicidad.

Inevitablemente, todo cambia. Y no suele ser para mejor. Nos resulta imposible repetir una sola escena bella de nuestra vida de forma idéntica a como fue, y si viéramos el devenir de las cosas a cámara rápida sentiríamos desazón y vértigo, porque nos marchitamos y caemos cual granos en un reloj de arena; arrastrados continua e irrevocablemente hacia el abismo de nuestra vida. Nuestro cuerpo como fenómeno físico es, al tiempo que maravilloso, limitado, delicado, vulnerable, rodeado de peligros, y tiende inexorablemente a su envejecimiento o deterioro, si no enferma antes. Así, aunque hagamos «como si nada» sabemos que perdemos todo material con más o menos dolor. Entretanto, las cosas, relaciones y proyectos que nos ilusionan van decepcionándonos a discreción. Si algo tiene mérito pues es «aprender cómo reír».

¿Cómo? Cuando enfocamos la precariedad de las cosas y el hecho de que nada es para siempre, nos damos cuenta de que la condición humana es similar a un contrato temporal que sólo nos parece largo al inicio. ¿Qué sentido tiene entonces llevarse un berrinche, una decepción, una rabieta, un bajón anímico, frustrarse o angustiarse porque algo dista de ser como nos gustaría? Estamos aquí de paso, así que eso también pasará.

¿Y si por unos instantes al día nos concentramos en ese discreto buen humor que fluye lavándonos por dentro, arrastrando nuestros prejuicios, fijaciones y empecinamientos? Si no nos sacudimos todos esos sufrimientos inútiles, no viviremos.

Puesto que estamos de paso en este mundo, adoptemos el talante de un excursionista: captemos el olor fugaz de la experiencia y algunas instantáneas de la vida. La vida como momento crucial nunca llega; cuando echamos la vista atrás nos damos cuenta de que es simplemente una concatenación de escenas; algunas, las sentimos intensamente. Habrá momentos de sufrimiento útil que después disfrutaremos, y sufrimientos inútiles que calificaremos como estupideces para reírnos de ellos y dejarlos correr.

¿Y qué si para construir hemos de sufrir?

SIN BUEN HUMOR	CON BUEN HUMOR
Nos fijamos en lo peor para justificar nuestro malestar.	Nos fijamos en el conjunto para adueñarnos de nuestro ánimo.
Creemos que llorar acabará con nuestras penalidades.	Creemos que al reír mejoraremos la situación.
Esperamos ocasiones especialmente buenas para reír o siquiera sonreír.	Procuramos reír, o al menos sonreír a la mínima ocasión.

Saber que todo pasa y acaba es un hecho irrevocable pero liberador, pues nos descarga de presiones y sufrimientos innecesarios. Es mejor que lloriqueemos lo estrictamente indispensable y nos sacudamos los sufrimientos inútiles aprovechando ese proceso humorístico para reír tanto y tan bien como nos sea posible.

Ejercicio. Busca un entorno de recogimiento para aislarte durante 10 minutos. Dedica cada uno de los minutos a pensar que han transcurrido 10 años de tu vida: las consecuencias lógicas del paso del tiempo, los cambios en las gentes, los seres vivos y las cosas de tu entorno. Cuando llegues al final del ejercicio, te estarás imaginando con un siglo más de edad. ¿Qué cosas te parece que tienen un grado de gravedad distinto que en tu realidad actual?

¿Qué es la libertad sino lo que haces con lo que te han hecho?

> Las relaciones humanas son como el ajedrez. Sólo quienes no se lo toman seriamente pueden llamarse buenos jugadores.
>
> HUNG TZU CH'ENG

Coincidiendo con la marcha de su hijo mayor para cursar estudios de medicina, unos padres se decidieron a hacer reformas en el garaje. El joven había guardado allí varios huesos dentro de un cubo para estudiarlos. Cuando, en la penumbra del trastero, la señora estaba mostrando al albañil la zona que debía pavimentar, el operario vislumbró los huesos y sin dar crédito a lo que veían sus ojos preguntó asustado:

> –Señora, ¿esto qué es?
>
> A lo que la señora contestó con la misma tranquilidad con la que hablaba del color del nuevo pavimento:
>
> –Ah, eso... sí... es mi hijo, no haga caso. Cuando quiera, puede tirarlo.
>
> La mujer no cayó en la cuenta de la barbaridad que su interlocutor había entendido hasta ver que el albañil se apartaba de ella trémulo y silencioso. Sólo entonces reparó en lo pavorosamente fácil que resulta matar a alguien próximo.

Alguien dijo una vez: «Creo en la vida después del nacimiento». Tal afirmación es menos común de lo que asumimos, pues si bien nuestra vida está llena de ocasiones para dar gracias, la falta de sensatez hace que las pasemos por alto.

Las ocasiones para asombrarnos se multiplican y son lo que Robert Mc Kee describe en su libro *El guión* como los dispositivos que marcan el punto de inflexión en una historia: «Un acontecimiento narrativo crea un cambio en la situación de vida de un personaje, tiene un significado y se expresa y experimenta en términos de valor. [...] Los valores narrativos son las cualidades universales de la experiencia humana que pueden cambiar de positivo a negativo –o viceversa– de un momento a otro».

De repente descubrimos que estamos, por ejemplo, ante un riesgo vital o que algo cambia de signo, y eso restablece la importancia de todo lo demás. Ante una encrucijada semejante, la energía de nuestro buen humor nos permite optar por la solución más ingeniosa, sustituyendo el miedo o la rabia que podrían invadirnos por iniciativa y creatividad. Son esos momentos en que la sorprendente singularidad de los hechos hace que parezcan un chiste, pues dan un giro copernicano a nuestra situación vital:

- **Sentimos que la mejor opción es la retirada.** Hemos alcanzado el clímax del problema. Es el momento en que decidimos dejar de intentarlo. Una retirada a tiempo es una victoria que podemos saborear con sensación de triunfo.
- **Estimamos la nueva situación con templanza.** Las personas que exageran, hablan con superlativos y se prodigan en sus sobrestimaciones, suelen pagarlo caro. Es habitual perder el crédito de quienes están informados o analizan las situaciones con cordura y, para colmo, ello redunda en una respuesta contraproducente. Pensemos con moderación en las nuevas opciones que nos aporta cada nueva circunstancia.
- **Ponemos cabeza.** El premio de aceptar una derrota o un cambio radical en nuestros planes es conservar la energía restante para algo mejor. Los grandes males aconsejan tomar grandes remedios, y lo cierto es que detrás de cada empresa próspera hubo o hay alguien que, en una ocasión, tomó una decisión valiente.

¿Y qué si el destino gira?

SIN BUEN HUMOR	CON BUEN HUMOR
Dudamos (no...).	Decidimos (sí...).
Ganan la angustia o la desesperación.	Ganan la calma y la cordura.
Al avanzar sin una estrategia, nos convertimos en nuestro principal enemigo.	Aceptamos nuestros puntos débiles y limitaciones para ahorrar energía.

Sintámonos vivos a cada instante. Sólo hemos de atender al canal de energía que transcurre en nuestro centro y nos permite trascenderlo haciendo que nuestra *anima* o alma cobre entidad. Ésta, como la savia de una planta, nutre y revitaliza nuestro y nuestra mente; nuestro ser. Cada vez que la reconocemos, la potenciamos.

Ejercicio. Dado que vivimos en una constante incógnita, dedica unos minutos a pensar en diez cosas que podrían cambiar drásticamente tu destino en las próximas 24 horas. Haz que una mitad te parezcan buenas y la otra mitad, malas. Para cada una de las buenas, apunta una consecuencia mala que podría darse, y viceversa: para cada una de las malas, un buen fruto que podría conllevar.

¿Y por qué simplificar si podemos complicarnos?

> Hemos perdido el arte de vivir; y en la ciencia más importante de todas, la de la vida diaria, la de conducirnos y tratarnos, somos completos ignorantes. En cambio, tenemos... psicología.
>
> D.H. LAWRENCE

Un amigo me contó que había seguido una terapia psicológica en la cual el terapeuta –que trabajaba en una consulta privada– le aguardaba sistemáticamente sentado a su mesa. Es decir, que el psicólogo había dispuesto un timbre con objeto de ahorrarse tener que recibir a sus clientes, o bien se levantaba para abrir la puerta y volvía a su mesa corriendo por el pasillo para saludar al cliente desde su asiento. Como aquel psicoanalista, sólo le faltaba exclamar al verle aparecer: «Llega usted unos minutos tarde, estaba a punto de empezar la sesión sin usted».

Aunque vaya en mi contra admitirlo por las posibles respuestas de mis colegas y sin embargo amigos, creo que muchos profesionales de la psicología somos personas especialmente complicadas. Nos dedicamos a indagar en los vericuetos de la mente humana y, de modo inconsciente, ese enfoque hace que los nuestros crezcan. Para colmo, como en otras profesiones, los años de práctica tienden a deformarnos llegando al convencimiento de que si hiciéramos lo correcto (aquí «lo correcto» significa «mi terapia») las personas serían más felices. Llevada al extremo, sería una posición del tipo: «No es que a usted le haya atropellado un camión, es que no ha repetido todavía las suficientes afirmaciones incondicionales positivas». Igual que los clasistas hacen de la pobreza un defecto, los psicólogos confundimos a menudo la infelicidad con un error, lo cual es una clara muestra de soberbia que provoca en otros un sentimiento de culpa innecesario. Quizá sea útil considerar que la «adicción a la infelicidad» existe y, como cualquier otra adicción, quien la padece está en su derecho de no querer abandonarla. Debemos entender a las personas que no piensan como nosotros, lo cual resulta en parte enriquecedor y constituye también, sorprendentemente, una gran ocasión para el desarrollo del buen humor.

Se trate de la relación con un profesional de la psicología o con uno de cualquier otra especialidad, alguien con buen humor sabe que lo importante es la actitud con la que vivimos: cuanto más vibrante es nuestro estado interior, más sentimientos positivos de comprensión, placer y simpatía notamos y por tanto facilitamos.

Como dice la canción: «Si tú no tienes felicidad, de sabio no tienes ná». Creer, pensar y saber no nos sirven para apenas nada hasta que somos capaces de sentirnos reales y compartir nuestra energía integral, cuyo epicentro se ubica en nuestro corazón. Una persona integrada o conectada siente que tiene los pies en el suelo; ese contacto con la tierra la dota de realismo, lo cual aumenta su bienestar. En palabras de Alexander Lowen: «En bioenergética, "integridad" es el término empleado para describir el flujo ininterrumpido de excitación en el cuerpo, que va de la cabeza a los pies y nuevamente hacia arriba». Para ello conviene que eludamos la lógica mental y nos centremos en el aprecio de nuestra integridad corporal, de modo que saboreemos todo lo posible:

- **El misterio** de lo que la experiencia nos demuestra. Nadie sabe a ciencia cierta cómo es el otro ni qué siente realmente hacia él. Con el tiempo, las relaciones importantes van modelándose y consolidándose mediante una multitud de pequeñas impresiones imprevistas que las conforman como algo vivo (en el sentido de cambiante, evolutivo y plástico). Cada interacción entraña un cierto grado de incógnita y sorpresa que debemos percibir con respeto y aprecio.

- **La selección natural.** La dificultad de encontrar relaciones significativas en la jungla del mundo es un motivo para cuidar, modelar y esmerarnos en cómo nos acercamos a los otros. Con el tiempo, avanzamos al encuentro de seres afines a nosotros.
- **La mirada atenta al espejo para el autoconocimiento que representan los demás.** El proceso por el que vamos a toparnos precisamente con unas relaciones y no con otras es a la vez una demostración de cuál es nuestro rol o roles en la vida y el fruto de multitud de pequeñas decisiones que constantemente tomamos. Las preguntas del tipo: ¿por qué siempre me involucro con personas así?, ¿por qué me hacen siempre lo mismo?, o ¿cómo es que al final mis relaciones siempre acaban igual? son la puerta directa al aprecio de nuestro modo de ser. La historia de las dificultades que hemos sufrido en el logro de nuestras relaciones señala justamente en qué debemos centrar nuestra personalidad.

¿Y qué si los demás son incoherentes?

SIN BUEN HUMOR	CON BUEN HUMOR
Nos inhibimos para evitar disgustar.	Nos expresamos para sentirnos coherentes.
Insistimos en lo que queremos lograr.	Tenemos presente para qué queremos lograr ciertas cosas.
Vemos deseos.	Vemos motivaciones.

Las relaciones cuestan porque nos las complicamos, y lo hacemos porque ser felices, auténticos y saborear nuestra vitalidad nos parece «demasiado fácil». Ser demasiado felices no nos hace gracia: ¿Qué de cómico habría en el paraíso?

Ejercicio. Las relaciones personales son, por lo mucho que cuestan, una escuela de comprensión y posible automejora. Piensa en una relación ya terminada que significó mucho en el pasado e intenta explicar por qué crees que elegiste a esa persona o dejaste que te eligiera, qué crees que querías de esa relación y qué comprendes ahora que la otra persona quería a su vez de esa relación. A continuación, resume en una frase qué has aprendido de ti gracias a esa historia pasada y cómo eso te ayuda a mejorar.

¿Es justo que los gatos quieran zapatos?

> Nadie sabe cuántos amigos tiene hasta que se compra una casa en la playa.

Me incomoda el ruido y un simple petardo puede dejarme fuera de juego cerca de un minuto. Me invitaron a pasar unos días en un pueblo coincidiendo con la celebración de las fiestas patronales. Mis amables anfitriones ponderaron impacientes sus fiestas nocturnas. Una vez vestidos con nuestras mejores galas y rodeados de gente que se apiñaba a nuestro entorno –es decir, demasiado tarde– descubrí que la atracción principal consistía en un espectáculo pirotécnico. La concurrencia me bloqueaba la huida, así que cerré los ojos, me cubrí los oídos, encogí los hombros y, mientras los cohetes seguían silbando, intenté echarme al suelo. Viendo que la multitud me lo impedía, me acurruqué entre un bosque de troncos humanos que gritaban y aplaudían fascinados, dificultándome la respiración. Aterrada y medio asfixiada, aguanté hasta la traca final. Cuando las ovaciones cesaron, me atreví por fin a levantar la cabeza. Mi anfitriona me preguntó en tono afable algo que denotaba que se había perdido mi ridícula y exagerada reacción fóbica: «¿A que no lo olvidarás?». Y yo, con fingida serenidad, respondí: «Jamás», mientras me recolocaba las gafas, me atusaba el pelo y me preguntaba cómo pueden los fuegos artificiales ser tan caros.

Casi todos coincidimos en que nada debería costar más de lo razonable. Y no hablamos solamente del arte contemporáneo, que puede ser cualquier cosa si damos con alguien dispuesto a pagarlo como tal: lo irracional abunda en muchas áreas de la vida, pues estamos rodeados de cosas que cuestan mucho más de lo que valen, sirven o duran.

Para colmo, sabemos que el hecho de que algo nos cueste mucho no garantiza que sirva para nada. Las personas aceptamos –e incluso buscamos a veces– precios desmesurados por las cosas, como hacía aquella ricachona que afirmaba: «Cuando compro ropa, me fijo en que sea cara». Cada cual tiene sus parámetros acerca de qué es valioso y cuánto puede rendirle; por tanto, el rendimiento de algo es subjetivo. Como decía Richard N. Bolles: «A veces, cuando llevamos las plantas que crecen al nivel del mar a mil pies de altura, perecen». En ocasiones, lo más costoso resulta nefasto.

Nosotros mismos rendimos al máximo en ciertas condiciones, pero no en otras. Por eso, la cuestión es: ¿cuáles son mis condiciones de rendimiento preferidas? En realidad se trata de establecer en qué circunstancias nuestros esfuerzos resultan más efectivos; dicho de otro modo: ¿qué es valioso para ti? Lo sentimos porque nos llena de energía. Como explica Wayson Liao: «Cuando se planta un árbol, no se le "atosiga" para que crezca antes, pero tampoco se le olvida. Lo más adecuado es prodigarle cuidados adecuados espaciados y sostenidos. De igual manera [...] el crecimiento diario de la energía es algo tan fino como una hoja de papel: conseguir una pila alta como un rascacielos cuesta muchos años».

Para que avancemos hacia lo que nos resulta valioso debemos estar dispuestos a ir despacio; del mismo modo, si lo hacemos procurando un avance lento todos podemos desarrollar nuestra energía humorística interior. Si intentamos evolucionar disfrutando del proceso, con sentido *amateur*, nuestra perseverancia surge con naturalidad y lo vivimos atentamente pero sin obstinarnos.

Dado que es prácticamente inevitable que algunas cosas cuesten, lo importante es conseguir que nos cuesten lo justo en un momento determinado: una cosa que nos resulta absolutamente fácil o trillada es aburrida y acabaría adormeciéndonos; otra que cuesta demasiado esfuerzo puede hacer que nos rindamos o nos desanimemos. Entre ambos extremos existe un amplio abanico de posibilidades en la prosecución de las cuales nos sentiremos a gusto. Como afirmaba el novelista británico James M. Barrie: «El secreto de la felicidad no radica en hacer lo que te guste, sino en que te guste lo que hagas». Si queremos lograr que cuanto acometemos tenga un coste justo, replanteemos nuestros objetivos y nuestro potencial para equilibrar la balanza entre retos y talentos.

¿Y qué si la cosa cuesta?

SIN BUEN HUMOR	CON BUEN HUMOR
Lo que cuesta nos desanima.	Confiamos en nosotros mismos porque cuesta.
Desistimos y nos damos por vencidos.	Dividimos nuestro objetivo en pasos asumibles.
Nos sentimos superados.	Nos sentimos plenos y realizados.

¿Y si esto no sólo puede pasarles a los otros?

La mayor parte de la ignorancia es vencible:
no sabemos porque no queremos saber.

ALDOUS HUXLEY

–Perdone, caballero, ¿preguntar ofende?
–No, señor, dígame.
–¿Su madre es puta?

Situaciones tan absurdas como la citada suceden realmente, como aconteció a un hombre que vive en una pequeña población costera –cuyo nombre no mencionaré–, un tipo popular y jovial que decidió abrir un negocio: un bar en el que las camareras ofrecían servicios sexuales en la trastienda a los clientes que lo requirieran. Como era de prever, el local se llenó enseguida de caravanas de hombres que acudían de kilómetros a la redonda. Todo parecía funcionar a pedir de boca en el plano económico, hasta que las esposas del pueblo descubrieron lo que pasaba en el local que frecuentaban sus maridos. Se agruparon e irrumpieron en el bar pertrechadas con utensilios domésticos contundentes dispuestas a «desmontar el tinglado». La policía intervino y el local se clausuró para evitar futuros altercados.

La prostitución forma parte de ese tipo de cosas que hacen cierta gracia a una parte importante de la población, en tanto que es percibida como «cosa de otros». Y por un curioso mecanismo psicológico denominado «congruencia cognitiva», las personas gustamos de imaginar que la prostitución constituye un gremio muy numeroso y antiguo con el cual nuestra familia no tuvo, tiene ni tendrá nunca absolutamente nada que ver.

Si hiciéramos una encuesta en la que preguntáramos: ¿Cree usted que alguno de sus familiares de primer grado ha pagado por recibir servicios sexuales o los ha proporcionado?, un alto porcentaje de la población lo negaría categóricamente. Esa respuesta probaría que la cuestión de si debe legalizarse o no la prostitución entretiene a una gran parte de la población, siempre y cuando no se ponga en duda que su madre, sus hijas y su pareja, su entorno más cercano, nunca han tenido nada que ver con el asunto. Cuando eventualmente alguien descubre que lo imposible no sólo es posible sino que es un hecho –es decir, que un miembro de su familia recurre a la prostitución o la practica–, la mayoría de las veces sufre un duro reencuadre y suele requerir ayuda psicológica para superarlo.

El doctor Jordi Sabater, eminente primatólogo famoso por haber descubierto ciertos comportamientos culturales en los chimpancés, nos contó en una de sus fabulosas clases de Psicología Animal que en sus expediciones científicas a África había tenido ocasión de conocer y conversar con personas pertenecientes a tribus primitivas (que no conocían la escritura) que todavía practicaban el canibalismo. A la pregunta de si comían carne humana, en primer lugar respondían siempre que no, pero después reconocían practicar rituales de comunión con individuos de otras tribus; tras hacerlos prisioneros y asesinarlos, ingerían ciertas vísceras para adquirir sus poderes. Justificaban la antropofagia alegando que, en su lengua, la palabra con la que se designaba a los especímenes de otras tribus era la misma que se empleaba para referirse a otras especies animales; así pues, esos otros seres no eran humanos y por tanto comer sus vísceras no constituía un acto de antropofagia.

Este hecho nos permite reflexionar sobre cómo las teorías destinadas a sostener «que lo que yo les hago a los otros jamás podría pasarme a mí» son algo muy antiguo en la especie humana, incluso más antiguo que la profesión más antigua del mundo.

Las tempestades que ponen en jaque nuestras creencias nos empujan hacia la comprensión, la superación y la ampliación de nuestra conciencia. Normalmente, cuando nuestras estrategias aprendidas acerca de «lo que puede pasarme a mí» entran en crisis, adoptamos una percepción más amplia y menos egoísta de la realidad.

¿Y qué si sus ideas fueran equivocadas?

SIN BUEN HUMOR	CON BUEN HUMOR
Oscilamos entre evitar la realidad y dejar que nos contraríe.	Tomamos la realidad como el filo de una navaja sobre el que avanzar sin cortarnos.
Ante los cambios inevitables optamos por seguir nuestro propio camino.	Ante los cambios inevitables, nos ponemos en el lugar del otro y sentimos comprensión.
Si algo nuevo nos duele, nos damos cabezazos y nos preguntamos: ¿por qué a mí?	Si algo nuevo nos duele, despertamos preguntándonos: ¿para qué me sirve esto?

Puesto que estamos vivos, todos tenemos algo que ver con los demás y nada relativo a nosotros queda aislado. La comprensión de la vida procede de los nexos que establecemos. Si nos cuesta reconocer qué sería aceptable, basta con pensar si sería aceptable que le sucediera a nuestro ser más querido.

Ejercicio. Piensa en una empresa o propósito cualquiera que te cuesta conseguir. ¿Qué motivos afectivos te mueven a intentarlo? ¿Por qué lo afectivo es lo efectivo?

Ejercicio de acción
1. Tan ancha

- **Realización.** De pie con los pies a la anchura de los hombros, colocamos las palmas sobre las costillas flotantes con los pulgares dirigidos hacia la espalda. Llevamos a cabo inspiraciones completas, observando si las costillas se separan y ensanchan hacia los lados, hacia delante y hacia atrás.
- **Ventajas.** Ampliamos la respiración y aumentamos el uso de la caja torácica.
- **Objetivos.** Recuperamos una respiración diafragmática y más completa.
- **Advertencias.** Si colocamos las yemas de los pulgares sobre los distintos surcos intercostales al tiempo que respiramos, aplicamos también un agradable masaje.
- **Signos de que la práctica es útil.** Sentimos que nuestra respiración se ha desbloqueado hacia la espalda y hacia los lados, permitiéndonos disfrutar mucho más de cada ciclo respiratorio.

Ejercicio de acción
2. Apertura

- **Realización.** De pie con los pies a la anchura de los hombros, extendemos los brazos y los levantamos como si quisiéramos abrazar el mundo entero. Imaginamos que respiramos con todo el pericardio, abriéndonos a los buenos sentimientos. Abrimos los ojos y la boca y reparamos en el aquí y ahora.
- **Ventajas.** Sensación de superación de barreras, integración en el universo.

- **Objetivos.** Superar el aislamiento y sentir el placer de ser.
- **Advertencias.** Llevar a cabo diez respiraciones plena y calmadamente, a un ritmo pausado, para no marearnos durante las primeras veces. Es normal que nos sintamos vulnerables e inocentes. Si al principio se nos cansan los brazos, imaginemos que los extendemos hacia los lados (en lugar de levantarlos) para aliviar su peso.
- **Signos de que la práctica es útil.** Respirar pausadamente nos aporta seguridad.

CAPÍTULO 14

Divirtámonos con las necedades ajenas

(Uso del champú del buen humor para reforzarnos)

> Reconozco cuando una mujer está esperando poder divorciarse de su marido sin darle una alegría.
>
> ARNOLD SCHWARZENEGGER

¿Y qué si los demás son necios? Nuestro buen humor funciona como una valiosa arma que nos protege cada vez más y con cuya práctica aumentamos nuestro poder. El empleo del buen humor nos aporta fuerza y agilidad a la hora de encajar y repeler los embates externos, vigorizándonos.

¿Para qué confesar la verdad si podemos ser coherentes con el error?

> En lo complicado encuentra la simplicidad.
> En la discordia busca la armonía.
> En la dificultad se esconde la oportunidad.
>
> ALBERT EINSTEIN

Cuenta la historia del mulá Nasrudin que, en una ocasión, uno de sus vecinos acudió a él para pedirle prestado su mulo. El mulá le contestó:

> –Mi mulo ya no está, si estuviera se lo prestaría.
>
> Pero al tiempo que pronunciaba esas palabras se oyó el relincho del mulo desde la cuadra del Mulá, a lo que el vecino exclamó:
>
> –¿Por qué me dice eso, Mulá? ¡Si desde aquí puedo oír a su mulo!
>
> A lo que el Mulá repuso ofendido:
>
> –¿Y crees a un animal antes que a mí?

Sin llegar al extremo de Nasrudin, todos conocemos a personas que hacen de la coherencia con sus errores manifiestos una supuesta credencial. Pero lo cierto es que sólo cuando reconocemos los absurdos y aceptamos los errores, las decepciones y los desengaños, avanzamos en el proceso de hacernos personas más cabales. Si nos lo proponemos, nuestro sentido del humor aumenta a lo largo de los años, pues la experiencia nos demuestra que la mayoría de las cosas tienen la gravedad que nosotros mismos les concedemos.

Con el paso del tiempo comprendemos que estábamos enamorados de alguien que ahora nos parece ridículo o influidos y fascinados por el criterio francamente mejorable de otra persona... entonces sonreímos para nuestros adentros y reconocemos que no ha habido nada más tortuoso que el hecho de tomarnos nuestras antiguas debilidades con absoluta solemnidad. Cuando llegamos a esa conclusión, nos convertimos en alguien capaz de admitir que sus supuestos son falibles y de reírse de sus propias exigencias.

Como afirmaba el célebre psicoterapeuta Carl Rogers: «Una de las cosas básicas de las que tardé mucho en darme cuenta, y que sigo aprendiendo todavía, es que cuando se siente que una actividad es importante o que vale la pena llevarla a cabo, debemos ponerla en práctica sin dudarlo. Dicho de otro modo: he aprendido que mi sensación orgánica total de una situación es más digna de crédito que mi intelecto. A lo largo de mi vida profesional he avanzado en direcciones que otros consideraban necias y acerca de las cuales yo mismo abrigaba muchas dudas. Pero nunca he lamentado haberme movido en la dirección que sentía que era la acertada».

Somos en parte inconscientes de nuestras sensaciones y requerimos la ayuda de una «niñera» o «supervisora» interior que nos recuerde las consecuencias que acarrean nuestras decisiones. Porque eso son nuestras sensaciones, las que la voz del instinto nos señala –como una brújula señala el norte–, indicándonos qué nos es sano más allá de los discursos aprendidos. Cuando nos damos cuenta de eso, confiamos cada vez más en nuestro buen humor como energía de nuestro organismo para:

- **Superar la dependencia.** Es probable que tengamos una personalidad dependiente si:
  - Cuando la otra persona que forma parte de la relación da muestras de sentirse mal, nos preguntamos automáticamente: «¿Qué he hecho ahora mal?».
  - Nos anticipamos a lo que la otra parte quiere y nos mostramos ansiosos ante la posibilidad de que la relación empeore.

Podemos sanar de la dependencia, aunque lleva tiempo y no siempre es fácil. Lo habremos conseguido cuando incorporemos la convicción profunda de que cada uno es responsable de sus sentimientos. (Exacto, nosotros de los nuestros y la otra persona de los suyos, nunca al revés.)

- **Abrazar una nueva verdad.** Enfoca la adversidad como una ocasión para aprender cosas de ti: ¿cómo has llegado a esto?, ¿cuál es tu papel en la situación?, ¿qué cambios intuyes que habrás experimentado cuando esté todo arreglado y superado de forma sana?
- **Aprender tolerancia.** Asume que todas las relaciones pueden deteriorarse y muchas lo hacen aunque intentemos cuidarlas, pues todas las personas fallamos tarde o temprano. De hecho, quien exige que la otra parte de la relación carezca de defectos, acaba solo.
- **Mantener la conciencia tranquila.** Si tu relación se ha deteriorado porque alguien te falló, consuélate de esa amarga circunstancia considerando que es más vergonzoso desconfiar de los amigos que ser engañado o llevarse una decepción.

¿Y qué si esperábamos la perfección de alguien?

SIN BUEN HUMOR	CON BUEN HUMOR
Dependemos de lo que los otros nos hacen para conocer nuestro valor y/u opinión.	Sabemos que lo que cada uno hace depende de sí mismo así que nos lo tomamos a bien.
Me pregunto por qué los otros no mejoran.	Siento en mi cuerpo cómo mejorar.
Dudo entre esperar mucho y desconfiar del todo.	No doy nada por descontado, pero confío mientras puedo.

Si les prestamos atención y los mejoramos, lograremos reconvertir nuestros sentimientos hacia las decepciones que la existencia nos depara: pasan de ser «fallos que debemos resolver» a «cuestiones que debemos reconocer, aceptar, tener en cuenta, reconvertir o sanar y trascender», pero siempre a base de buen humor a raudales.

Ejercicio. Aprende a sonreír desde el interior: distiende la musculatura de la cara, la mandíbula y la zona abdominal, deja que tus respiraciones expandan esa sonrisa interior por tu cuerpo, imaginando que todas las células de tu organismo van añadiéndose a ella y enseguida sentirás una paz contagiosa que te ayudará a establecer una mejor conexión entre el cuerpo y la mente. Aprovecha distintas situaciones para practicar tu sonrisa interior durante un tiempo prefijado y observa las diferencias que aporta a tu día a día.

¿Qué haría un inexperto?

> Una secretaria se despedía porque iba a casarse. Su jefe le da un gran abrazo y un beso:
>
> –Has sido como una hija para mí: insolente, quejica y poco agradecida.
>
> MICHAEL HODGIN

Mi abuela Paquita era un personaje indiferente a lo que pensaran de ella y, aunque no dudaba en prestar su ayuda cuando lo consideraba oportuno, jamás se esforzaba lo más mínimo por congeniar. Su principal ocupación durante los últimos años de su vida era ir a recoger a sus nietos pequeños a la escuela, los cuales constituíamos un numeroso equipo. Tanto era así que un día, mientras aguardábamos a mis tres primos en la puerta del colegio, una madre se nos acercó para preguntarle a mi abuela: «Buenas tardes, señora. Creo que usted lleva a algunos niños del colegio a su casa, ¿verdad?». Mi abuela la miró atenta y muy seria asintió levemente con la mirada. La madre prosiguió: «¿Podría recoger también a mis hijos? Naturalmente, le pagaría lo que usted me pida». Mi abuela volvió a asentir, impertérrita, con una mirada cuya socarronería sólo nosotros reconocíamos. La mujer añadió: «Entonces, ¿qué tengo que hacer para que recoja también a mis hijos?». Mi abuela saboreó los tres segundos de silencio que precedieron a su respuesta y finalmente musitó: «Tiene que hacer que sean nietos míos». La señora quedó perpleja, mientras mi abuela saludaba con un gesto de su bastón a mis tres primitos.

Ciertamente, hay formas más o menos bruscas de señalar a otro su equivocación sin pasarse con el punto de sal, algo básico para no echar a perder definitivamente el plato. Por eso se ha dicho que el sarcasmo es la forma más baja del humor pero la más alta expresión del ingenio. Quien emplea una sentencia sarcástica ataca al otro agudamente, pero si lo hace de un modo desproporcionado, hiere de modo inútil y se aleja –paradójicamente– del buen humor.

El sarcasmo se basa en una actitud cínica, en la que se enfoca el precio de todo y se acusa el desprecio de su valor. El cínico se mantiene en una postura absolutamente contraria a la del sentimental, que niega o ignora el precio de las cosas y –como buen «sensiblero»– acentúa su valor hasta la cursilería. La persona que emplea el sarcasmo con maestría conoce bien la mesura; posee la precisión dialéctica necesaria para defender expeditivamente sus posturas sin causar más destrozos que los estrictamente necesarios.

1. **¿Qué hace que el sarcasmo funcione?** Si nos fijamos en las ocasiones en que el sarcasmo lleva a buen puerto y nos preguntamos por qué ha funcionado, nos sorprende des-

cubrir que la clave está normalmente en el propósito. Sabemos que las personas que afinan suelen estar centradas en lo que es importante para ellas; son activas, tienden a acometer y tomar la iniciativa; son prácticas, van a lo esencial y se concentran en lo básico; por último, aspiran a mejorar, simplificar, miran hacia delante y su respuesta ante la duda es «sí».

2. **¿Qué haría un inexperto?** Para dominar el sarcasmo se impone ser creativo y pensar algo nuevo. El problema reside en que, cuando llevamos mucho esfuerzo, energía y experiencia invertidos en un tema o empresa, nos cuesta enfocarlo desde otro ángulo y aportar ideas nuevas. Para recuperar esta aguda y fortalecedora forma de humor debemos intentar recobrar la frescura y la capacidad de sorprendernos de un principiante.
3. **¿Qué sería estratégico?** Una estrategia no es más que un plan al que recurrimos para llevar nuestra empresa a buen puerto sin incurrir en gestas que no nos hemos propuesto. Sin estrategia es muy difícil acertar y saber si se ha logrado activar el buen humor.
4. **¿Qué sería táctico?** Las tácticas son los pasos parciales mediante los cuales ponemos en práctica nuestra estrategia. El objetivo de la táctica ha de ser el triunfo del humor. Si usamos la energía del humor del modo más eficaz posible, afrontamos cualquier circunstancia desde la distancia justa.

¿Cómo actuamos ante lo que nos molesta?

SIN BUEN HUMOR	CON BUEN HUMOR
Ante la necedad, o no reaccionamos o bien nos ponemos de mal humor.	Tomamos la iniciativa de captar lo esencial en la conducta ajena y simplificar.
Partimos de que sabemos mucho y tenemos cierta experiencia o bagaje en algo.	Adoptamos la actitud de alguien «ajeno» o «puro» ante la cuestión.
Actuamos más rápido de lo que pensamos, sin planificar, mecánica e instintivamente.	Trazamos ágilmente un plan, una estrategia y los pasos tácticos para que sea expeditivo y eficaz.

Ejercicio. Piensa en un cometido que te has propuesto pero que conlleva amenazas o crisis y responde a las cuatro preguntas anteriores por escrito. A continuación, responde a éstas: ¿Para qué nos obstinamos en recurrir a lo trillado? ¿Qué podemos probar para que las cosas funcionen?

¿Todo el mundo es bueno?

> Disfruté de una velada maravillosa.
> Pero no fue ésta.
>
> GROUCHO MARX

Algo que por más veces que ocurra creo que nunca dejará de asombrarme es que, cuando al inicio de un tratamiento pregunto a un paciente sobre las anteriores terapias realizadas, resulta excepcional que sepa en qué consistía el procedimiento que seguía, qué consiguió, y de qué le sirve –o sirvió en su momento– esa terapia. A pesar de eso, la mayoría de las personas aceptan las terapias psicológicas ignorando su objetivo, o con uno tan inconcreto que es imposible saber si se ha alcanzado; muchas recuerdan solamente que hablaban, pero ignoran para qué. Esto se evitaría explicándoles con claridad el proceso, el objetivo y los signos de avance.

Como prueban jocosamente los espacios televisivos de cámara oculta, los seres humanos somos muy crédulos y partimos del supuesto que las cosas serán como esperamos que sean. Incluso cuando la realidad nos asalta en forma de duda o sorpresa, tardamos mucho en reaccionar. Sólo unos pocos, tras mucho tiempo y numerosas evidencias, reparan por fin en:

1. **Para qué.** Las relaciones normales suelen caracterizarse por tener un buen inicio y un final coherente. Cuando no es así, la perspectiva que nos aporta el paso del tiempo contribuye a aclarar las situaciones pasadas. A la larga, vivimos como experiencias valiosas las que nos hicieron sentir intensamente, más aún cuando comprendemos su significado.
2. **La emoción.** Si revisamos lo que ha sido nuestra vida hasta ahora, enseguida vemos que los capítulos que más nos llenan y a los que jamás renunciaríamos son aquellos en que aconteció algo que no habíamos buscado voluntariamente. Fue esa «sorpresa» lo que nos permitió sentir, avivarnos y mejorar.
3. **Entusiasmo.** La aceptación de que una relación ha llegado a su punto final se asocia a la desesperanza; sin embargo, el fin de toda situación debe dar inicio a otra nueva. Visto así, lo absurdo es no abrazar los cambios encantados: ¿Qué podremos hacer que antes no hacíamos? ¿Qué hacíamos que ahora ya no haremos? ¿En qué sentido beneficiará –o incluso mejorará– la nueva etapa nuestro buen humor?

¿Y qué si las cosas no van como esperábamos?

SIN BUEN HUMOR	CON BUEN HUMOR
Vamos por la vida tomándonoslo todo a pecho.	Vamos por la vida viviéndola con ingenio.
Si las cosas giran, nos rebotamos inconscientes.	Si las cosas giran, nos emocionamos conscientes y nos superamos.
Cuando todo cambia sin haberlo buscado, sentimos pánico o nerviosismo.	Cuando todo cambia sin haberlo buscado, abrazamos la oportunidad y decimos «amén».

Ante los finales que no está en nuestra mano evitar, es mucho más feliz quien aprende a admitir la realidad diciéndose: «Así sea, pues para algo será».

Ejercicio. Piensa en alguien cuya actitud contigo te resulte molesta y piensa cómo podrías, usando tu ingenio, aprovechar la próxima oportunidad que se te ofrezca para tocar su línea de flotación con serenidad y diversión. Más allá de los resultados que logres, ten en cuenta el buen humor que ejerzas.

¿Qué haremos si palabra y piedra suelta no tienen vuelta?

Cuando se mejora es porque se tiene la intención de hacer algo o la intención de no hacer algo, y en los dos casos de perseverar.

EDMUND HUSSERL

La vida cotidiana nos surte de ocasiones para entrenar nuestro autodominio y aplicar el sentido del humor. No hace mucho fui víctima de lo que prefiero calificar como «error administrativo». Había recibido varias cartas en las que se me reclamaba el pago por ciertos servicios de una empresa que no había contratado. Cuando telefoneé para pedir explicaciones, me contestaron que «tenían mis datos porque habían comprado una empresa que en el pasado me había ofrecido sus servicios» y que «me llamarían para subsanar el problema».

Puesto que no me llamaron, tras intentar ponerme de nuevo en contacto con la empresa y recibir montones de cartas de requerimiento de pago, opté por dedicar una mañana a desplazarme hasta sus oficinas para realizar la misma queja. Cuando entré, me sorprendió que las paredes estuvieran repletas de pósteres animando al personal a «sonreír al cliente», «ser empático», «escucharle y mostrar interés en su problema»... y una larga lista de recomendaciones similares. Para mi sorpresa, la empleada que me atendió no me ofreció asiento para que pudiera enseñarle mis datos, sino que siguió sentada a su mesa mientras yo permanecía de pie cargada con la bolsa, las carpetas y las cartas de apremio. Cuando le rogué que me dejara tomar asiento, me explicó que no disponían de sillas para el cliente. Es muy posible que el cráneo privilegiado que había mandado imprimir, enmarcar y colgar todos aquellos pósteres considerara que ser amable, empático y escuchar con atención podía hacerse cómodamente sentado mientras el cliente estaba plantado como un poste el tiempo que hiciera falta.

Ciertas expresiones confirman que siempre estamos a punto de empeorar las cosas. Por mal que funcione algo, es fácil agravarlo: basta con insultar, romper enseres, fingir amabilidad, desvelar secretos, ofender a desconocidos o colgar pósteres con frases ridículamente inciertas. A todos se nos ocurren infinidad de maneras fáciles, gratuitas o muy baratas y rápidas de incomodar a otros y estropear nuestra relación con ellos. Sin embargo, una vez empeorada, mejorarla ya es otro cantar; puede llegar a costar mucho, si es que llega a ser posible.

Algunos síntomas indicativos de que una relación se deteriora son sinónimos a un apagón del buen humor:

- Se pierde el sosiego y la calma interior.
- Se pierde la capacidad de reflexionar y adaptarse al plan.
- Se pierde la capacidad de ir cambiando de táctica; las cosas se repiten.
- Se pierde el norte (el para qué) o el hilo conductor de la estrategia.

¿Y qué si el baile no es cómo pensábamos?

SIN BUEN HUMOR	CON BUEN HUMOR
La relación adopta un trasfondo incómodo.	La relación adquiere un tono sereno y llevadero.
La relación se vuelve más repetitiva en cada nuevo encuentro: ambas partes repiten su papel y dicen y hacen lo mismo una y otra vez.	La relación se abre a la improvisación: ambas partes se sienten siendo ellas mismas intensamente, aparecen nuevas ocasiones.
La relación ya no sirve a su principal motivo y entorpece las posibles mejoras. Nos obcecamos con el chasco inicial.	La relación guarda una constante conexión con lo que nos gratifica y mejora. Trascendemos el chasco inicial.

Para no empeorar las cosas más de lo necesario conviene que nos preguntemos: ¿cómo nos sentiríamos si nos trataran como yo trato? Y, a continuación: ¿cómo continúa mi plan para sentirme de buen humor al respecto de esto ahora? Para afrontar cualquier empresa con un humor constructivo y un buen ánimo sostenible, es básico aplicar un cierto método de reflexión.

Ejercicio. Piensa en qué harías si –en una empresa costosa– perdieras la calma, actuaras impulsivamente, olvidaras lo que has reflexionado y renunciaras a tu plan o estrategia a largo plazo.

¿Cooperamos o competimos?

> La ira es un ácido que puede hacer más daño al recipiente en que se almacena que a cualquier cosa sobre la que se vierte.
>
> LUCIO ANNEO SÉNECA

En algunas ciudades muy populosas, en las que el tráfico es complicado y el nivel de tensión considerable, un conductor intercambia afrentas e insultos, cuando no se llega a verdaderos enfrentamientos, con quienes comparten la intención de avanzar por la calle con sus vehículos. En esas ocasiones es habitual que las personas se increpen de modo más o menos velado. La cosa puede quedar en un mero intercambio de gestos soeces, contagiándose los conductores el mal humor, o desembocar en un altercado o incluso –como tristemente ha ocurrido en algunas ocasiones– en un tiroteo.

Sin embargo, una persona con buen humor se da cuenta de que se sentirá del modo en que se dirija hacia los demás desde su interior, y –generalmente– recibirá el mismo tipo de respuesta. Además de sentirse de mejor humor, quien se encuentra en esa posición opta por evitar en lo posible la molestia de conocer a nadie nuevo bajo esas circunstancias (iracundas). En vez de competir, vive la experiencia como una cooperación con otros conductores con el mismo objetivo: avanzar con sus vehículos.

A lo largo de la vida aprendemos que debemos compararnos con nosotros mismos, puesto que lo demás sólo sirve para proporcionarnos una información irrelevante y/o desagradable. Si estamos haciendo todo lo que está en nuestra mano, si nos superamos a nosotros mismos, merecemos una satisfacción.

El problema es que, dada la enorme autoindulgencia a la que todos tendemos, si queremos volvernos «buenos» –como decía el filósofo Epícteto– debemos empezar por considerarnos «malos». Enfrentarnos a nosotros mismos significa comprender que lo importante en esta vida no se logra compitiendo, sino cooperando con los demás. Y en esta línea, todos podemos mejorar.

Paul Watzlawick, en su obra *El arte de amargarse la vida*, explica con gran ironía que la vida es un juego cuya primera norma es fingir que se trata de algo serio. El problema es que muchas personas establecen y siguen la norma siguiente: «Si una parte gana, la otra pierde». La realidad nos demuestra que la mayoría de las veces ambas partes pueden ganar o perder a la vez, como sucede en determinadas huelgas: pierde el empresario y pierde el trabajador, y puede que gane, por ejemplo, la competencia. El mismo caso puede darse en un matrimonio: si ambos cónyuges se abonan al mismo error y juegan a que lo suyo son partidas en que si uno gana, el otro pierde, caminan hacia el fracaso más estrepitoso como pareja. Lo que suele ocurrir es que los jugadores que compiten de ese modo, empeñados como están en la idea de ganar y derrotar al otro, no advierten la presencia del tercer gran adversario del juego: la vida que se ríe. Ante ella, pierden los dos.

¿Cómo darnos cuenta de que la mayoría de las gestas en nuestra existencia consisten en juegos que no se trata de ganar en tanto que nuestro oponente pierde?

1. Somos animales cooperativos. Las cuestiones importantes, por comunes que sean –desde educar a un hijo hasta fabricar un coche–, requieren del esfuerzo coordinado de muchos individuos. Además, nadie puede negar que, cuando colaboramos dentro de un equipo del cual forma-

mos parte útil como iguales, nos sentimos realizados y nos esforzamos al máximo en el uso de nuestras competencias personales aceptando el hecho de que los demás son como son, y no podemos cambiarlos.

2. Una capacidad importante es la de reconocer y desarrollar un modo ágil de desenvolvernos afectivamente. Si vemos cómo queremos sentirnos, nos será más fácil proceder en consecuencia. Esta averiguación surge de nuestra sabiduría corporal: percibimos con quién y cómo nos complementamos, pues cada persona es un mundo; lo que no tiene uno, le sobra al otro. Formar parte de un equipo nos ayuda a conocernos a nosotros mismos, advirtiendo qué nos distingue del resto. Además, nos sentimos acogidos y aceptados como parte útil de él. Cualquier equipo, organización o empresa exitosa se distingue por sacar las mejores cualidades de cada uno de sus componentes.
3. La mayor parte de cosas que logramos consisten en «ganar a la vez». Las situaciones en que los ganadores somos el equipo aúnan entrega y pertenencia.

El ingenio hace posible que trascendamos nuestros objetivos individuales para contemplar los de los demás como lógicos y –dentro de sus limitaciones o errores– tan lícitos como los nuestros.

¿Y qué si competimos por lo mismo?

SIN BUEN HUMOR	CON BUEN HUMOR
Lamentamos la cantidad de personas con las que nos resulta imposible entendernos y, con cuantos chocamos, combatimos con ira.	Nos alegramos de la cantidad de personas que por suerte no tenemos que conocer. Y, con cuantos podemos, cooperamos.
Cada vez que los demás hacen y dicen cosas que no nos gustan, nos lo tomamos como un fracaso personal y/o luchamos.	Cada vez que los demás hacen y dicen cosas que no nos gustan, tomamos distancia y vemos su lado cómico.
La vida nos supera, se nos hace una batalla constante con un pasado lleno de cadáveres afectivos.	La vida se nos hace un juego a veces absurdo, con constantes retos, pantallas y trampas, que nos divierte vencer expeditivamente.

Con buen humor, las dificultades y la escasez de recursos agudizan nuestro ingenio y nos estimulan a cooperar, a competir con los contrincantes del modo más eficaz posible, a mantener el buen humor y a aprender a superarnos a nosotros mismos en el reforzador proceso de superar los conflictos.

Ejercicio. Imagina que todo cuanto has conseguido gracias a otras personas te fuera arrebatado. ¿Cómo te sentirías?

Ejercicio de acción 1. Reír con las manos

- **Realización.** Con las manos y las muñecas sueltas y el brazo enérgico, colocamos los brazos en cruz y trazamos pequeños círculos hacia delante y luego hacia atrás.

- **Ventajas.** Activación de los brazos y soltura en las muñecas.
- **Objetivos.** Recuperar la sensación de juego y la soltura en las manos.
- **Advertencias.** La soltura de las muñecas permite que las manos se muevan libremente. Es importante empezar trazando pequeños círculos para que sea seguro, e ir ampliándolos poco a poco.
- **Signos de que la práctica es útil.** Advertimos que nuestras manos reflejan nuestro humor; si nos sentimos alegres, rígidos, contrariados, rabiosos, amorosos o serenos.

Ejercicio de acción 2. El helicóptero

- **Realización.** Con los pies a la anchura de los hombros, levantamos las manos por encima de la cabeza, como si colgáramos de un helicóptero que nos está remontando en el aire.
- **Ventajas.** Extendemos el tronco, alargándonos.
- **Objetivos.** Desbloquear la espalda y los costados.
- **Advertencias.** Si condensamos la energía cada vez que inspiramos, nos será más fácil y agradable lograr una extensión corporal plena.
- **Signos de que la práctica es útil.** Notaremos la musculatura superficial del tronco más distendida.

CAPÍTULO 15

Burlémonos de la banalidad

(Uso del champú del buen humor para nutrirnos por dentro)

> No hay deber que descuidemos tanto como el deber de ser felices.
>
> ROBERT LOUIS STEVENSON

¿Qué más da si me rodean la fatuidad y la vacuidad? Nos sentimos llenos de un autocontrol que se basa en nuestra independencia de criterio y confiamos en nuestra competencia. El empleo del buen humor nos capacita para elegir conscientemente según nuestro propio criterio, distinguiendo lo esencial de lo accesorio. Cuanto más conscientes somos, más libertad tenemos. Sabemos que nuestro buen humor se alimenta de lo más genuino, esencial, interior y básico que anida en nuestro ser. Cuando hayamos practicado esta fórmula, nuestra mente decidirá más consciente de sí, siendo genuinamente amable; es decir, más auténtica y consciente.

¿Y qué pasa si lo que te da risa es que «creen que no debes reír»?

> La risa es el toque de genio más inequívoco de la creación. Si hubieseis hecho un hombre y lo hubieseis llenado hasta los topes de avideces y pasiones tan impulsivas como para estallar... ¿se os habría ocurrido hacer que reventara de pronto en un fenómeno como una carcajada?
>
> CHRISTOPHER FRY

Recién licenciada, trabajé como ejecutiva en una multinacional dedicada a la investigación de mercados. El jefe me citó a una reunión con el director comercial y el gerente de uno de nuestros clientes más importantes. El gerente, un hombre regordete de aspecto simpático, hizo un comentario gracioso al inicio de la reunión con el que todos reímos. Los tres hombres pasaron a tratar enseguida asuntos serios, pero una risa profunda e irrefrenable había quedado atrapada en mí; si miraba al cliente, me reía sin querer con unas carcajadas hondas e irreprimibles. Primero le hizo gracia, para luego ir agravando el semblante al igual que su director comercial, mientras mi jefe parecía ya absolutamente contrariado. Cada vez que intentaba contenerme veía al gerente contando la gracia y volvía a escapárseme la carcajada, y aunque fingía volverme o toser todo era muy evidente. Al final, logré parar clavando la mirada en el suelo. Cuando acabamos, mi jefe me echó una bronca, furioso; no entendía que en una reunión como aquella se me hubiera ocurrido reírme. En realidad no había sido idea mía, sino de mi plexo.

La risa pertenece a lo más inconsciente y automático; como un estornudo, un bostezo o el sueño, son procesos fisiológicos que cuando arrancan nos embargan aunque nos vaya la vida en ello. De hecho, cuanta más energía empleamos en refrenarlos, más fuerte se hace su pulsión. Llegado cierto punto, la propia situación absurda en la cual reímos sin motivo alguno y sin deber hacerlo puede alimentar todavía más las carcajadas. Podría decirse que en esos casos la risa se ha adueñado de la situación.

En todas las ocasiones en que sea adecuada, es estupendo expresar la risa, pues constituye un ejercicio físico y mental de primera categoría. Retenemos un anhelo sensual de reír como prueba que, una vez hemos empezado, cualquier cosa –aun el no poder parar– nos provoca sonoras carcajadas liberadoras. Como explica Rita Freedman en *Amar nuestro cuerpo:* «Usted tiene derecho a disfrutar su cuerpo y no meramente a exhibirlo como un objeto de belleza. Así que: ¿por qué no se preocupa un poco menos por cómo luce y se concentra un poco más en lo bien que se puede sentir?». La risa profunda, libre y completa es un ejercicio sano e intensamente placentero, un deporte que conviene practicar.

Lo que sucede con la risa recuerda a lo que el poeta Rubén Darío afirmaba del llanto:

> Juventud divino tesoro,
> ¡ya te vas para no volver!
> Cuando quiero llorar, no lloro...
> y a veces lloro sin querer...

Risas y lágrimas obedecen a nuestro mundo emocional e inconsciente, y por ello casi nunca responden como mentalmente nos gustaría. Vivimos entre la ambigüedad y la provisionalidad, y no podemos controlarlo todo. Sólo si logramos aceptar ese hecho con soltura –cuando lo trascendemos– se convierte en una bendición gracias a la cual:

1. Cuanto sentimos nos resulta intenso y sorprendente.
2. Al percibirlo, nos sentimos más satisfechos.

3. Al obligarnos a ser –o volvernos por la fuerza de la experiencia– fuertes pero flexibles ejercitamos nuestro tesón.
4. Al exponernos a ella, nos hacemos tolerantes a la frustración.
5. Al cooperar nos abrimos, interactuamos unos con otros y en algunos casos incluso nos comprendemos y conocemos a fondo.
6. Nos fuerza a que desarrollemos la calma y el autocontrol, para soportar todos los momentos en que no conseguimos que las cosas respondan a nuestras necesidades.
7. Al obligarnos a modular casi constantemente nuestros impulsos y expresiones negativos, desagradables y destructivos, desarrollamos la serenidad ante las contrariedades.

¿Qué hacemos ante una limitación física?

SIN BUEN HUMOR	CON BUEN HUMOR
Repetimos y nos tensamos hasta desfallecer.	Nos relajamos y fluimos, liberándonos.
Luchamos contra nuestro ser físico y sus emociones.	Nos conectamos a nuestra emoción y sus señales liberándolas plenamente.
La realidad física nos gana.	La conciencia del ser crece.

Cuando una cosa sea irresistiblemente costosa, notemos las reacciones emocionales en nuestro cuerpo, las sensaciones que se suceden físicamente y lo que se nos ocurre pensar. Esta observación serena desarrolla nuestro control para centrarnos en la energía de nuestro buen humor y trascender lo automático.

Ejercicio. Piensa en algo que te cueste y aplica uno a uno los siete puntos citados anteriormente: imagínate viviendo, sintiendo y disfrutando de las sorprendentes ventajas que te supone.

¿Y qué si al menos –por un tiempo– lo disfrutamos?

Un clásico juego infantil urbano consistía en coger un billete, prenderlo de un hilo y dejarlo caer desde un balcón hacia la vía pública. La mayoría de los viandantes, cuando ven el dinero tirado en la calle, se apresuran de modo más o menos impetuoso a recogerlo. La gracia del juego consiste en que justo algo antes de que sus manos lleguen a atraparlo se tira del hilo para impedirlo. Mientras el peatón no repara en el engaño, los niños le tienen en danza durante un buen rato, haciendo que se mueva como una marioneta. Cuando el viandante cae en la cuenta de que los vaivenes del billete no se deben al aire sino a que alguien está jugando con él... las reacciones son de lo más variado: el sentido del humor de cada ser humano es diferente.

Casi todos hemos padecido la pérdida de algo muy querido y sabemos cuánto cuesta considerar ese momento como una buena ocasión para entrenar nuestro desprendimiento. En ocasiones, perdemos cosas que después recuperamos... ¿No es eso extraño, maravilloso, memorable y fenomenal?

De hecho, cuanto más deseable y fácil es una cosa, más probable es que se separe eventualmente de nosotros. Consideremos que algo «tiró del hilo» –como el chiquillo lo hace con el billete– de cuanto vamos perdiendo: tomarlo a bien, nos hace bien. En realidad, sucedió lo que tenía que suceder; tan previsible era que lo bueno fuera fugaz como que no llegara a empezar... y por ello resulta absurdo enfadarse. Es mejor que aprendamos a tomárnoslo con buen humor o desapego: la ocasión es fugaz, y sufrir porque las perdimos o alegrarnos de haberlas disfrutado es simplemente una decisión.

La mejor forma de manejar la pérdida de algo que codiciábamos es trascender; podemos hacerlo por norma, pues todos hemos comprobado que algunas personas son capaces de observar las cosas desde un plano o perspectiva inverso, y este desapego las libera y ennoblece.

¿Cómo sobrevivimos a un contratiempo?

SIN BUEN HUMOR	CON BUEN HUMOR
Insistimos en lo nocivo.	Buscamos la supervivencia.
Sobredimensionamos.	Mesuramos opciones.
Extremamos la gravedad de la situación.	Enfocamos la gracia y lo más saludable, aunque ello requiera paciencia.

Cuando algo muy deseado se aleja de nosotros, podemos concentrarnos en nuestro canal de energía humorística en el centro de nuestra mente y nuestro cuerpo para preguntarnos: «¿Y qué?». Si dejamos resonar esta pregunta, nos devolverá la mejor respuesta.

Ejercicio. Piensa en una ocasión en que perdiste algo importante para ti y, cuando regresabas sobre tus pasos pensando dónde podías haberlo olvidado, alguien te lo devolvió en perfecto estado. ¿Qué sentimiento te llenó entonces? ¿Cómo se lo explicarías a un extraterrestre?

¿Qué preferimos, el engaño o el desengaño?

> Un sutil pensamiento erróneo puede dar lugar a una indagación fructífera que revela verdades de gran valor.
>
> ISAAC ASIMOV

Acusar a otros de nuestra falta de satisfacción diciendo cosas como: «Tú has arruinado mi vida», «Estoy harta de que me amargues la existencia» o «Maldigo el día en que te conocí» es un recurso muy socorrido. Posturas semejantes sólo garantizan más mal humor e imposibilitan cualquier mejoría de la relación; la otra parte, lejos de asumir que es el problema, proyecta a su vez el motivo de sus descontentos y penalidades en la dirección inversa.

De hecho, tanto nuestro bienestar sentimental como nuestra capacidad de simpatizar en nuestra relación con cualquier persona se basan en lo responsables que somos de nuestros afectos y ánimos. Nos guste o no, tenemos las relaciones que hemos creado y que, de un modo más o menos consciente, elegimos. Vivimos la obra que hemos protagonizado momento a momento, día a día. En realidad, sabemos si actuamos lo mejor posible o si nuestra intención fue otra. Porque nadie se esconde de su propia conciencia, y ésta, como una justicia trascendente, hace que la calidad de nuestras intenciones marque la diferencia entre sentirnos o no realizados, contentos y en paz; es decir, de buen humor.

Creamos nuestro guión de vida al enfocar nuestra atención en una u otra dirección.

> –Mi marido y yo somos inseparables.
>
> –Qué bonito. ¿Siempre juntos?
>
> –No, que cuando nos peleamos, hacen falta varias personas para separarnos.

Si revisamos nuestro pasado, vemos que al interpretar las faltas ajenas como un fenómeno relacionado con nosotros pecábamos de egocentrismo. Las acciones de los otros tienen como protagonistas decisivos y responsables a los otros. Es muy sano reparar en ello; si, por ejemplo, alguien nos pega, el responsable de pegarnos es ese alguien. Nosotros seremos responsables de lo que hayamos hecho: quemarle el coche, hablarle en un idioma que no le gusta, vestir del color equivocado o lo que fuera que hiciéramos, pero nunca de que ese alguien nos pegue. Es bueno acostumbrarse a asumir las responsabilidades propias y desembarazarse de las ajenas. Sobre todo porque, además, si sufrimos a causa de algo que es una mala acción o intención de otros, eso provoca muchas veces más crueldad por su parte. Es habitual que las personas detesten sobre todo a quienes saben que han hecho sufrir injustamente. Entrar o no en esta espiral de sufrimiento gratuito es una opción prescindible.

Como directores de la película de nuestra vida, elegimos mejorar nuestro humor cada vez que enfocamos lo mejor posible pero, en conciencia, sabemos que unas veces lo intentamos... y otras no.

Cuando tenemos la conciencia tranquila –cuando sabemos que nuestras intenciones son o han sido buenas– sentimos una conexión con el suelo que nos aporta una sensación de integridad. Ésta es una grata experiencia somática difícil de traducir en palabras, algo así como un: «Siento que he dado de mí lo que he podido; si los demás me reconocen o no, es asunto suyo».

Desde esta posición realista y ecuánime, todo lo que nos pasa afectivamente es –aunque aún no lo veamos así– lo mejor que podía pasarnos. Ése es el camino hacia una buena relación con nosotros mismos, algo que va a durarnos toda la vida, puesto que –si no es para realizar un viaje astral– nadie se aleja de sí mismo.

Como afirma Rabindanath Tagore en *La morada de la paz:*

> Los seres de corazón amante dan por dar sin esperar nada a cambio y tienen la sensación de recibir más de lo que dan. [...] Sólo el ejercicio del desapego permite alcanzar esa forma de pura ternura, la cual no se despierta en el individuo preocupado sólo de barrer hacia dentro y de imponer sus propias exigencias; su egoísmo y su arrogancia enmascaran como una espesa niebla el sol de la adoración que brilla en su alma.

El desengaño siempre es mejor que el engaño, aunque nos contraríe. Lo cierto es que los giros sentimentales vividos desde esta aceptación y ecuanimidad recargan la energía de nuestro buen humor:

1. **¿Tenía que ser así?** Algunas relaciones, sencillamente, han de acabar. A partir de ese momento, insistir en que duren es declarar la guerra a la realidad. Y, como ya sabemos, suele irle mejor en la vida a quien se mantiene en paz con la realidad.
2. **¿Atisbamos el punto medio?** El fin de una relación querida forma parte a veces de esos problemas que no tienen solución, en cuyo caso lo mejor que podemos hacer es recordar que la vida no oscila entre ser perfecta y terrible, sino que, pase lo que pase, siempre hay alguien a quien no gustamos o algo que no sale a pedir de boca, pero siempre contamos con nosotros mismos. Cualidades y defectos no son términos absolutos sino relativos y nadie es imprescindible.
3. **¿Qué más pasa?** Somos nosotros los que solemos poner el principal obstáculo, pues en las relaciones personales casi todo resulta paradójico: cuanto más insistimos peor, pues más insistirá la otra parte en convencernos de lo contrario; todos sabemos que, por ejemplo, cuando alguien suplica que no le abandonen, suele acelerar la marcha del otro.

4. **¿Queda la retirada abierta?** Lo más inteligente es respetar una retirada transitable y cómoda para que la otra parte pueda alejarse de nosotros. Si se marcha pensando que ha triunfado, el triunfo es en realidad nuestro.

¿Y qué si las relaciones nos fallan?

SIN BUEN HUMOR	CON BUEN HUMOR
Nos resistimos a aceptar la realidad.	Nos nutrimos de la realidad.
Nos enfadamos porque la otra parte no nos aprecia.	Nos apreciamos al saber que hemos dado al otro lo mejor de nosotros.
Insistimos tercamente y nos frustramos cada vez más con la vida.	Hacemos las paces con la realidad, viendo las paradojas y la relatividad de todo.

Aunque el desengaño, el rechazo o una relación difícil resulten dolorosos, ninguna de todas esas cosas en sí misma mata a nadie y muchas veces puede incluso conllevar un crecimiento personal. El mayor daño suele provenir de uno mismo, cuando alguien se niega a aceptar el devenir de las cosas y se empecina en sufrir por una decepción cuyo signo no puede controlar. El buen humor nos ayuda a fluir hacia lo bueno dentro de lo malo, pues siempre, por escondido que esté, lo hay.

¿Para qué tendríamos que tratarnos?

> Hemos aprendido a volar como los pájaros y a nadar como los peces, pero no hemos aprendido el sencillo arte de vivir juntos como hermanos.
>
> Martin Luther King

En lugares en los que la mala educación se suma a la alta densidad de población, la antipatía extrema llega a ser normal: conductas como dar un empujón sin disculparse, no responder a un saludo verbal en un espacio cerrado o pasar de largo ante alguien que nos pregunta algo tranquila y claramente sin moverse. Dado que el ser humano anhela la comunicación por naturaleza, la gente continúa queriendo hablar aunque se encuentre en un entorno tan «enfermizo» como el que acabamos de describir y por tanto no mire, ni vea, ni se fije, ni conteste espontáneamente a nadie. En un entorno tan agresivo, las dependientas son seleccionadas mediante test psicológicos, pruebas de competencia o entrevistas de personal llevados a cabo por profesionales que evalúan su orientación hacia las personas. El problema es que la orientación hacia las personas mide el interés por interactuar y hablar; ésa es la causa de que, una vez seleccionadas, las dependientas mantengan en muchas ocasiones intensas y extensas charlas entre ellas sobre sus cuestiones más íntimas ignorando al cliente o, por el contrario, en el caso de que el cliente les compense personalmente, se consagren a él desproporcionadamente, para desespero del resto de compradores. Esto es un ejemplo de cómo ser muy proclive a la interacción personal, sin más, no sirve de nada o es contraproducente. Todos sabemos que las personas que se relacionan mejor son conscientes del «para qué» de la interacción y no las más interesadas en interactuar «porque sí».

La comunicación entre dos personas se deteriora cuando no se cuida, se pasa por alto al otro, se le ignora, no se le escucha o se le da la espalda. Si queremos que una relación no se venga abajo debemos hacerla existir, reconociendo al otro como un modo de cuidar la relación. En los primeros estadios de las relaciones, eso nos resulta fácil: reconocer al otro surge como algo natural; sin embargo, llega un momento en que, lamentablemente, «lo damos por descontado», y a veces olvidamos que lo más importante de la relación personal es darse cuenta del otro; es decir, conocerlo y demostrarlo: reconocerlo.

¿Y qué si el otro está a lo suyo?

SIN BUEN HUMOR	CON BUEN HUMOR
Cuando el otro falla, nos preguntamos por qué y nos enfadamos.	Cuando el otro nos es adverso, observamos sus prioridades.
Si el otro no nos entiende, nos contrariamos.	Partimos de que *que el otro nos entienda* es casi un milagro.
Nos preguntamos qué sienten y por qué lo sienten los demás, altamente mediatizados por ello.	Nos damos cuenta de lo que sentimos para distinguirnos de ello y trascenderlo.

Sólo mantiene en buen estado sus relaciones quien tiene presente que entenderse y llevarse bien no significa ser de la misma opinión y tener las mismas costumbres, ni siquiera la misma jerarquía de valores, sino sencillamente percatarse, es decir, atenderse y escucharse recíprocamente con intención de comprender para, en cada momento, «hacernos existir» y conectar con lo esencial.

Ejercicio. Tómate un tiempo a solas para pensar en la persona llena de buen humor que realmente quieres ser: cómo son las personas de este tipo (no importa si las has conocido). Haz una lista de los rasgos que las distinguen y que deseas desarrollar, estilo, valores y preferencias.

¿Y si contamos por bueno todo el mal que no tenemos?

Toda generalización es falsa.

Una antigua historia judía cuenta de un joven que pedía infructuosamente a su padre permiso para casarse con una dama pobre. Llegado al límite del desconsuelo, el enamorado implora:

> –Padre, sólo si me caso con ella lograré ser feliz.
> A lo que el padre repone:
> –¿Ser feliz? ¿Y de qué te servirá eso?

Ciertamente, el dinero sirve para infinidad de cosas. Aunque muchos lo nieguen, casi todo el mundo lo prefiere: basta comparar los esfuerzos dedicados a conseguir dinero con los dedicados a lograr cualquier otra cosa. Sin embargo, por mucho dinero que ganemos, se sabe que superado un umbral mínimo más dinero no equivale a más felicidad. En realidad, lo que nos hace sufrir está en nuestro interior. Para liberarnos de ello, existen numerosas técnicas que nos enseñan a enfocar nuestras sensaciones y aprender de ellas para mejorar nuestra experiencia. En su libro *En diez segundos tu vida puede cambiar*, Gay Hendricks propone:

> Cierra los ojos y centra la atención en tus sensaciones físicas, sin juzgarlas, empezando por la cabeza y bajando hasta el estómago. Tomadas en conjunto, ¿tus sensaciones físicas eran algo así como...?

[...] Debemos averiguar con precisión lo que sentimos en nuestro interior.

Eugene T. Gendlin, filósofo y creador de la técnica del *focusing,* ha ideado un sencillo proceso –«Pensar con el cuerpo»– para que aprendamos a revelar las sensaciones físicas que habitan en nosotros y desentrañemos cuanto tienen de implícito; es decir, la esencia para modelar nuestro bienestar sentimental y existencial.

Si trascendemos nuestro punto de vista, nos concentraremos en nuestra milagrosa experiencia somática presente; ésta nos conecta a cuanto nuestro cuerpo sabe, la maravillosa fuente de vitalidad inconsciente que fluye en nuestro ser: la energía del buen humor.

A continuación se proponen algunas reflexiones para que apreciemos y distingamos lo bueno entre lo malo:

1. Observa la habitación en que te encuentras e imagina cuánto ha costado lo que ves: las paredes, los asientos, las ventanas, los muebles y el libro o el dispositivo en el que lees. Pronto reconocerás que detrás de cada cosa, desde el detalle más nimio hasta la estructura del edificio que lo alberga, todo ha requerido un esfuerzo sostenido por parte de muchas personas durante largo tiempo.
2. Quizá estés en tu propia casa, con lo cual no forzarás demasiado la imaginación: todos los objetos que te rodean tienen una historia que pagaste con tiempo, dinero y tesón, cuando no con todas esas cosas a la vez. Valga decir que el denuedo citado no puede compararse con el que requeriría «aniquilar» todas esas cosas. El proceso inverso a conseguir las cosas, el que equivale a siniestrarlas, malograrlas o perderlas definitivamente es –en contraste– desoladoramente fácil. Bastaría un incendio, una explosión, una inundación o un terremoto de pocos segundos para reducirlas a escombros.

3. Entonces ¿batallamos –o pagamos– demasiado por las cosas? ¿Es la vida un fraude? Obviamente, si se compara con el poco trabajo que supone destruirlas, es lo que parece. Sin embargo, si enfocamos la cuestión con buen humor enseguida descubriremos que lo que debería asombrarnos es precisamente el fenómeno inverso. A saber: que a pesar de lo arduo que es todo, estemos vivos aquí y ahora en el universo, frío y oscuro, en el que apenas hay más que rocas a temperaturas extremas. El hecho de que existamos aquí y ahora es tan improbable que roza lo mágico.

Así pues, por mucho que cuesten las cosas, todos sabemos que el resultado para nuestra estimación es positivo por el simple hecho de existir y tener algo por lo que luchar, arreglar o incluso recuperar o sustituir, por costoso que nos resulte. La clave está en pasar de saberlo a sentirlo, como quienes tienen buen humor.

Ejercicio. Tómate unos minutos para realizar una sola de tus actividades cotidianas esforzándote mucho más: dedícale más tiempo, más energía, más concentración. Actúa como a cámara lenta y concentra todos tus sentidos en hacer cualquiera de las cosas que habitualmente haces: desplazarte, apartar una silla, sentarte en ella, apretar un botón... Intenta hacerlo todo invirtiendo diez veces más energía de la necesaria. ¿Cómo te has sentido? ¿Qué experiencia interior te proporciona hacer cualquier cosa como si fuera a ser mucho más difícil, lenta, complicada, dura, costosa... de lo que realmente es?

> Si la única oración que rezas en toda tu vida
> es «gracias», bastará.
>
> MAESTRO ECKHART

«Mi felicidad reside en que sé apreciar lo que tengo y no deseo en exceso lo que no tengo», decía sabiamente Lev Tolstói. Todos reconocemos que, cuando amamos lo que tenemos, nuestro propio agradecimiento nos colma de bienestar, energía positiva y buen humor. Aunque en primera persona del singular nos cuesta creer que la vida es fácil, lo cierto es que ésta nos ha dado muchas cosas buenas; de hecho, nos lo ha dado todo y quizá disponga sus inconvenientes como un medio que nos permita:

- La consideración de que cada día vivido, cada minuto, cada latido es una batalla ganada al demoledor derrumbamiento de nuestro cuerpo y al caos.
- Que cada ocasión sea fugaz e irrepetible le otorga un valor impagable.
- Que las cosas tiendan a decaer y sean nuestras sólo en vida (es decir, provisionalmente) nos muestra la conveniencia de mantener una actitud humilde y desapegada, de estar «de visita» en este planeta.
- Un límite de riesgo, ya que, por mala que sea nuestra circunstancia, no está llamada a durar.
- El recuerdo de que lo más esencial, noble o permanente en nosotros es nuestro «ser» interior, no el cuerpo, ni la mente... ni siquiera nuestro cutis.
- Apreciar la certeza de que debemos valorar nuestro tiempo como un bien precioso: escaso e irrecuperable.

¿Y si ser agradecidos nos trae alegría?

SIN BUEN HUMOR	CON BUEN HUMOR
Vemos cuánto costó lo que tenemos.	Vemos lo que somos capaces de lograr.
Etiquetamos la vida de «demasiado difícil».	Agradecemos la vida gracias a que trascendemos nuestra visión.
Nos abatimos por cuánto cuesta todo, sintiéndonos dolidos con la vida.	Nos reímos –al menos un poco– de nuestros problemas.

Ejercicio. Estudia tu cuerpo y recuerda sus cicatrices: dónde están, qué sucedió. Piensa en algún peligro físico del que te libraste por muy poco. ¿Te das cuenta de que aunque actúes «como si nada» estás vivo de milagro? Lo gracioso es que no nos hayamos deteriorado mucho más. A continuación, dedica unos minutos a «contar por bienes los males que no tienes».

Ejercicio de acción 1. Pliegue

- **Realización.** Con los pies separados a la anchura de los hombros, inclinamos el torso desde la cintura, poco a poco, hacia delante. Disfrutamos de la posición durante diez respiraciones profundas; durante cada espiración, el vientre y la musculatura del suelo pélvico se contraen como si exprimiéramos el aire. Esta espiración «compresora» nos permitirá realizar la postura más plenamente, y el cuello y la espalda descenderán en posición casi vertical.
- **Ventajas.** Distendemos la espalda, el cuello y el tronco, abrimos las costillas y bajamos la cabeza, logrando un sano efecto para la circulación sanguínea.

- **Objetivos.** Al inclinar la parte superior de nuestro cuerpo no sólo conseguimos ver el mundo del revés durante un rato, sino que, si logramos dejar de luchar y no agarrotarnos para sencillamente jugar, aprendemos que la fuerza de la gravedad puede ser nuestra aliada.
- **Advertencias.** Si tu falta de experiencia hace que te marees durante las primeras veces, incorpórate poco a poco antes de concluir las diez respiraciones. Los mejores efectos se dan tras pasar un buen rato inclinado. Sube y baja curvando la columna muy despacio, lo más lentamente posible, para evitar malos gestos y mareos.

Ejercicio de acción 2. El abrelatas

- **Realización.** Entrelazamos las manos por la espalda y nos inclinamos hacia delante, muy despacio, como en el ejercicio del pliegue. Debemos procurar tener los brazos bien extendidos y lo más horizontales posible respecto al suelo.
- **Ventajas.** Despejamos la tensión del pecho, logrando una apertura considerable de nuestra postura y la colocación correcta de los hombros.
- **Objetivos.** Liberar el pecho y los hombros de oclusiones y bloqueos innecesarios.
- **Advertencias.** No fuerces los brazos más de lo que te resulte agradable. Un poco de tensión es suficiente. Cuanto más te cueste este ejercicio, más falta te hace practicarlo y más beneficioso te será.
- **Signos de que la práctica es útil.** Notar el pecho más abierto, los brazos más sueltos y una mejora en la respiración.

CAPÍTULO 16

Sonriamos ante lo que piensen de nosotros

(Uso del champú del buen humor para flexibilizarnos por dentro)

> Errar es humano, pero echarle la culpa a otro es más humano todavía.

¿Qué importa lo que piensen o digan de nosotros? Si somos honestos acerca de nuestra propia persona desarrollamos un humor revelador y adecuado; es decir, sincero, capaz de valorar las situaciones desde nuestra autenticidad y reconocer así qué nos pasa realmente, lo cual implica sentirnos más dúctiles.

Esa flexibilidad nos hará menos frágiles, pues ante las críticas y embates ajenos podremos doblegarnos sin necesidad de rompernos, cuando lo que digan o piensen de nosotros no nos afecte demasiado.

¿Y si probamos a fluir como el agua?

> La diplomacia es el arte de hacer que otro se salga con la nuestra.
>
> DANIELE VARE

En cierta ocasión, preguntaron a un reputado ingeniero experto en organización industrial qué plantilla tendría la factoría del futuro. Él, muy serio, meditó un momento la respuesta y dijo:

> –En toda fábrica habrá solamente un perro y un humano.
>
> –¡¿Cómo?! –exclamaron los oyentes, atónitos.
>
> A lo que él repuso:
>
> –Un hombre para ponerle comida al perro. Un perro para vigilar que el hombre no toque nada.

Todos hemos comprobado que la eficiencia surge a menudo de la simplificación, pues «demasiados cocineros estropean el guiso».

Aunque pueden fracasar por infinidad de motivos, muchas empresas lo hacen a causa del comportamiento de las personas que las llevan a cabo. En esos casos podemos aprender a vencer obstáculos y facilitar la operación, pero mientras no sucede sufrimos lo indecible, porque:

- Nuestras reacciones, a veces, nos traicionan.
- Las reacciones negativas de otros nos afectan.

La posición de los otros nos estorba, ya que puede oponerse o boicotear nuestros intereses. Para superar esa jungla de posiciones inflexibles y reacciones altamente irracionales y descontroladas, deberemos aprender a deslizarnos por una rampa llena de obstáculos. Si has patinado, esquiado o pedaleado bosque abajo, sabes muy bien de qué se trata: nadie que intente bajar en línea recta consigue llegar al valle de una sola pieza. En los embates de gran dificultad, ir de frente suele ser la madre de todas las derrotas. Por el contrario, el estratega se adapta al terreno sobre la marcha, improvisa gracias a lo que su cuerpo intuitivamente le dicta y se desliza fluyendo con libertad entre los obstáculos. Lo importante no es correr más sino llegar a nuestro valle en buenas condiciones, a un ritmo que nos permita disfrutarlo, vivirlo como un juego.

¿Y qué si se ríen?

SIN BUEN HUMOR	CON BUEN HUMOR
Actuamos de modo mecánico e inconsciente.	Reflexionamos para ser ingeniosos y conscientes.
Nos enfadamos cuando los otros nos dan problemas.	Evitamos contagiarnos de las reacciones de otros.
Nos lanzamos de frente, como una piedra, y obtenemos el eco de nuestro ataque.	Fluimos adaptados como el agua para que los obstáculos nos apoyen.

Fluiremos mientras conservemos la actitud de un *amateur*.

Ejercicio. Imagina un proyecto que te gustaría llevar a cabo pero que consideras demasiado complicado. Visualiza las complicaciones como árboles en la ladera de un bosque por el que has de descender e imagínate aplicándote a sortearlos con espíritu deportivo. ¿Qué cambia en tu interior? ¿Qué cambia con la cuestión en general? Enuncia un plan en tono cómico.

¿Y si lo que requerimos para salir adelante es solamente un enemigo?

> Todo ser humano debe creer en algo en la vida.
> Yo creo que tomaré otra copa.

En una ocasión, le preguntaron a un anciano de un país bilingüe por qué empleaba sólo una de las lenguas del lugar, a lo que el hombre contestó:

–Primero, porque ya viví un ambiente bélico en que me insistían en lo mismo; segundo, porque prefiero usar la otra lengua, y aún se me ocurre una razón más: tercero, porque me da la gana.

Con el paso de los años acabamos reconociendo que la mayoría de nuestras preocupaciones jamás llegan a materializarse. Entonces desarrollamos la capacidad de trascender algunas cosas y empieza a importarnos menos lo que pueda pasar, lo que puedan decir y, en general, lo que los demás opinan de nosotros. Esto nos aporta una sana sensación de profunda libertad.

La libertad frente a lo que los demás puedan apreciar o despreciar en nosotros es «la luz al final del túnel» y todos, en mayor o menor grado, aspiramos a verla. La luz del entendimiento no tiene por qué ser la de un tren que viene de frente.

Todo cuanto nos propongamos, bien sea en el terreno personal, profesional o de estilo de vida, requiere cierto esfuerzo por nuestra parte: planeamos la cuestión, los objetivos que debemos resolver, pensamos posibles formas o soluciones, elegimos una de ellas, decidimos cómo llevarla a cabo y actuamos. La superación de conflictos es un proceso continuo; el punto crucial, pensar para qué lo hacemos: de ello trata el sentido que aportamos a nuestra vida.

El motivo que nos lleva a emprender cometidos son nuestras emociones, actitudes y –en última instancia– valores. Cuando sentimos «motivos» para emprender algo, estamos refiriéndonos a que hemos conectado con un «deseo de movernos», el cual está siempre relacionado con una «emoción». Así pues, encontrar la vertiente emocionante de un objetivo o una relación nos aporta «motivación»; cuanta más tengamos, más dispuestos para superar obstáculos estaremos.

Llenar nuestra vida de deseos puede esclavizarnos, pero si sentimos y comprendemos «para qué» nos llenan de sentido y liberan el flujo de nuestra libertad.

¿Y qué si somos distintos?

SIN BUEN HUMOR	CON BUEN HUMOR
Enfrentamos al otro como alguien que debe reaccionar ante nosotros de un cierto modo.	Nos acercamos al otro con deferencia hacia su singularidad y dignidad.
Esperamos y/o exigimos el aprecio del otro.	Valoramos y mimamos el vínculo personal.
Nos tomamos cuanto el otro hace o deja de hacer como algo personal, achacándole toda infracción.	Nos hacemos protagonistas decisivos y responsables al 50% del transcurso de la relación.

¿Y qué si nos fallan?

SIN BUEN HUMOR?	CON BUEN HUMOR
Somos simpáticos con quien nos interesa para lo que nos interesa, es decir, no somos genuinamente simpáticos.	Somos simpáticos porque nos hemos motivado para serlo con nosotros mismos y con todo el mundo.
Nos tomamos los fallos ajenos como algo personal y nos mostramos susceptibles.	El hecho de que nos fallen nos inspira, pues lo vivimos como un golpe de efecto en nuestro guión de vida, algo simpático.
Cuanto peor se ponen las cosas, más personalmente nos las tomamos.	Cuanto peor se ponen las cosas, más capaces somos de ver su lado gracioso.

Ejercicio de acción 1. Las alas

- **Realización.** Con los pies a la anchura de los hombros, estiramos los brazos hacia delante y entrelazamos las manos. Aprovechamos cada inspiración para condensar la energía en las costillas.
- **Ventajas.** Abrimos la parte alta de la espalda, sintiendo cómo ampliamos nuestra capacidad de ensancharnos y distendernos.
- **Objetivos.** Logramos una mayor sensación de flexibilidad en el tronco.
- **Advertencias.** Es conveniente que realicemos los movimientos con honestidad, en la medida de lo intensamente posible, si bien de forma agradable. La práctica sostenida facilitará el aumento gradual de nuestra flexibilidad.
- **Signos de que la práctica es útil.** Sentimos que la espal-

da se alarga gracias a su energía profunda, al tiempo que los bloqueos exteriores y la sensación de peso se reducen.

Ejercicio de acción 2. Torsión

- **Realización.** Mantenemos los pies a la anchura de los hombros y los brazos pegados al cuerpo. Giramos lateralmente con cada inspiración, haciendo intervenir toda la columna hasta la cintura; cuando alcanzamos los límites laterales, espiramos.
- **Ventajas.** Abrimos la parte alta del tronco sintiendo cómo ampliamos sus límites y lo soltamos.
- **Objetivos.** Distender los músculos y flexibilizar la columna.
- **Advertencias.** Es conveniente que la cabeza participe en la realización de los movimientos, alineándola respecto a los hombros: de este modo los giros serán más consistentes, firmes y seguros.
- **Signos de que la práctica es útil.** Sentimos que la espalda y el torso se desbloquean y estiran ampliando sus espacios.

CAPÍTULO 17

Riámonos de las preocupaciones

(Uso del champú del buen humor para afianzarnos)

> Si una cosa tiene solución, para qué preocuparse. Si no tiene ya solución, para qué preocuparse.
>
> Pensamiento chino

¿Y qué de todo lo terrible que podría pasar? A medida que afianzamos el flujo de nuestro buen humor, crece en nosotros una sensación básica de tranquilidad y confianza que nos confirma que no dependemos solamente del destino, ni de ciertas cosas, ni de alguien en concreto, sino de nuestra actitud interior, nuestra tendencia a sentirnos más valientes, leales y nobles.

Sabemos que no podemos evitar sufrir accidentes, pero éstos no aumentarán porque superemos de ese modo nuestras dudas, dependencias y paranoias. Si logramos concentrarnos en la confianza, nos calmamos y nos activamos. Cuando hayamos practicado esta fórmula, habremos aumentado nuestra fe.

¿Y si en lugar de mostrarnos negativos, sonreímos?

> Es curioso, pero solamente cuando ves a las personas hacer el ridículo, te das cuenta de lo mucho que las quieres.
>
> AGATHA CHRISTIE

En una ocasión, me topé con una chica que repartía folletos de propaganda en una populosa avenida. Yo iba cargada con una bolsa y una voluminosa carpeta. La joven me ofreció un folleto, cuando se percató de que tenía las manos ocupadas. Entonces dibujé una enorme sonrisa, abrí la boca e incliné la cabeza con expresión inocente. La joven, riendo, me dio las gracias. Su trabajo era repartir los folletos, pero no tenía ninguna necesidad de llegar al punto de meterlos en las fauces de los transeúntes. Muchas veces, la forma más ingeniosa de decir «no» sin crear resistencias consiste en apuntar un sencillo hecho: lo que deseamos no siempre es conveniente y a veces ni tan siquiera resulta cabal.

Cada vez que desplegamos el abanico de opciones que consideramos posibles ampliamos nuestra libertad. La disyuntiva incluye una opción hasta entonces inédita, y cuando eso sucede todo se tiñe de optimismo. En su libro *La estructura de la magia,* Richard Bandler y John Grinder definen «enriquecimiento» como el proceso de aumentar el número de distinciones dentro de un modelo. En terapia, «enriquecimiento» es el proceso mediante el cual una persona llega a ampliar sus posibilidades de comportamiento.

Como señalaba Albert Ellis, «el neurótico se caracteriza por tomarse sus ideas y sentimientos demasiado en serio». Así, cuando nos cuesta manejar o nos «neurotiza» algo, en lugar de resistirnos y oponernos, podemos aligerarlo añadiéndole un poquito de buen humor mediante unas gotas de:

- **Respiración consciente.** Realicemos diez respiraciones conscientes, centrando en ellas toda nuestra atención. La espiración debe durar el doble que la inspiración, la cual observamos desde la parte más serena de la conciencia. Tras cada espiración intentaremos localizar dónde sentimos bienestar interior.
- **Atención al contexto.** Imaginemos tres formas, acontecimientos, circunstancias o situaciones en que eso que tanto nos cuesta podría costar aún más y cómo, a pesar de ello, lograríamos mantenernos en buen estado de ánimo.
- **Motivación.** Dado que lo afectivo es lo efectivo, la cuestión será más fácil cuando hayamos conseguido que nuestros sentimientos estén de nuestro lado. Lo primero que debemos hacer es conectar con nuestros sentimientos y aceptarlos, imaginar que ya han mejorado y observar los cambios interiores que pretendemos conseguir. («¿Qué puedo hacer para interiorizar un sentimiento más potente acerca de "cómo sería vivir eso"?»)
- **Posicionamiento interior.** Si expandimos la sensación deseable en nuestro interior –respirándola y ablandándonos– y ofrecemos el aspecto de alguien que se toma la situación con «escepticismo divertido», mejoramos. Si aún no es así, pensemos: ¿qué puedo hacer para que lo sienta llevadero, sano y deseable desde el centro de mi ser?

Por difícil que se presente una circunstancia, sirve como un reto que estimula nuestra conciencia. Es absurdo que, teniendo ingenio, sentido común y energía humorística, optemos tantas veces por dramatizar.

¿Y si nos tomamos un respiro?

SIN BUEN HUMOR	CON BUEN HUMOR
Nos aceleramos fisiológicamente.	Respiramos de modo más pleno y satisfactorio.
Nos cerramos y obsesionamos.	Nos abrimos y divertimos.
Nos descentramos y perdemos los papeles.	Nos motivamos y aprendemos de nuestros sentimientos.
Nos ponemos en lo negativo.	Nos ponemos en lo positivo.
Insistimos en lo que no agrada y lamentamos el engaño.	Planeamos lo que sí agrada y celebramos el desengaño.
Nos preocupamos o angustiamos ante lo decepcionante.	Nos retamos y esmeramos con espíritu de superación ante lo decepcionante.

Ejercicio. Dedica un tiempo cada día, al amanecer o al atardecer, a «sentarte para sentirte» como el ser de luz que en esencia eres. Durante esos minutos, imagina el canal del buen humor ascendiendo verticalmente en tu cuerpo cada vez que inspiras –contrayendo la musculatura del suelo pélvico y expandiendo su brillo en ti y más allá de ti–, y cada vez que espiras, presionando entonces el extremo de la planta de los pies.

¿Dónde iremos a parar?

> No quiero alcanzar la inmortalidad por mi obra, sino por no morirme.
>
> Woody Allen

Todos conocemos la impotencia que se siente tras introducir algunas monedas en una máquina expendedora y esperar en vano una bebida, un paquete de tabaco o una fotografía. Cuando las máquinas no responden, increparlas o golpearlas no sirve de nada y tiende sólo a dificultar más las cosas. Si además hay testigos, podemos dar por garantizado que habrá quejas, riñas, colas, un escándalo, acusaciones o incluso multas. Salvo en raras excepciones, suele pasarnos prácticamente de todo (excepto recobrar nuestro dinero), pero nada bueno.

La mayoría de los bienes materiales codiciables tampoco resultan fáciles de conseguir, gratuitos ni sostenibles, y así es como el mundo físico nos conforma y limita, implacable. Las cosas que queremos suelen costar, y cuando por fin las obtenemos tienden a deteriorarse, gastarse o romperse, cuando no las perdemos o nos las sustraen.

Éstos son hechos inamovibles, y aunque nos enfademos con la realidad tangible (cosas, máquinas expendedoras) y la ataquemos, siempre lleva las de ganar, pues nada le afecta. Para el universo, el hecho de resultarnos asequible, fiable y estable –en suma, «caernos simpático»– dista de ser una prioridad. Más aún, pues si se nos presenta gradualmente, el grado de penalidad y angustia que somos capaces de tolerar es máximo. Para soportar con la máxima dignidad posible nuestras penalidades, consideremos que, aunque «lo más probable en el universo es ser piedra», nosotros, para bien o para mal, sentimos.

Como señala Bruno Bettelheim en su obra *El corazón bien informado:* «Cuando la vida se encuentra en peligro y el individuo aún se halla en plena posesión de sus facultades, es relativamente fácil tomar decisiones y actuar. [...] pero cuando se trata de la independencia personal, la situación parece menos clara. La mayoría no arriesgaría su vida para evitar leyes contra su autonomía. Entonces [...] ante las intromisiones en la vida del individuo, ¿en qué momento dirá: "No lo permito más, aunque me cueste la vida"? Pronto las "intromisiones" minan tanto su valor que carece de ánimo para actuar».

SIN BUEN HUMOR	CON BUEN HUMOR
Atacamos los límites subjetivamente.	Apreciamos los límites objetivamente; nos protegen.
Nos sentimos de mal humor a causa de las intromisiones.	Tomamos conciencia de las intromisiones y gestionamos la solución.
Desperdiciamos nuestra energía en un berrinche destructivo, intentando atravesar las paredes a cabezazos o cambiar lo inevitable.	Condensamos la energía para fomentar el flujo del buen humor y sentimos cuál es el acople idóneo con nuestras barreras.

Obviamente, somos nosotros quienes nos sentimos mal y no los límites, de modo que, si los atacamos, vencen en cerca del cien por cien de las ocasiones.

La vida está llena de frustraciones y más nos vale relativizar su importancia, dado que, por mal que estén las cosas, siempre pueden empeorar. Ése es el motivo por el cual la actitud agradecida y sonriente resulta mucho más inteligente y efectiva ante los problemas, incluso para que éstos se resuelvan.

Todas las limitaciones y derrotas implacables, forzosas e incluso crueles que se nos imponen constituyen una abundante materia prima para desquiciarnos, o bien, si elegimos lo contrario, un desafío con el que cargarnos de vibraciones para el flujo de energía de nuestro buen humor.

Ejercicio. Recuerda alguna situación en tu vida en que hayas comprobado que alguien se enfadaba con un objeto y la emprendía a golpes con él. ¿Por qué no es un ejemplo a seguir?

¿Por qué no quieres perderme?

> Una madre toma a su hijito de la mano cuando entran en unos almacenes abarrotados de gente:
>
> –¿No quieres perderme? –le pregunta el pequeño encantado.
>
> –No quiero tener que buscarte –le contesta cariñosamente ella.

En su libro *La ley de Murphy,* Arthur Bloch expone las normas complementarias de la propiedad:

1. Si guardas una cosa el tiempo suficiente, llega un momento en que puedes tirarla.
2. Si tiras una cosa, la necesitarás en el momento en que ya no dispongas de ella.

Se trata sin duda de una aportación teórica muy útil para explicar por qué a casi todos nos cuesta tanto esfuerzo, energía y tiempo poner orden en los armarios. Al parecer, la única solución que nos resta es seguir los consejos de Confucio: «El hombre superior ama su alma, el hombre inferior ama sus propiedades».

Hasta que no hagamos de nuestra alma algo codiciable, más nos vale esmerarnos en el arte de encontrar, guardar y dejar nuestras posesiones con calma y acierto. Para ello usaremos la energía de nuestro buen humor en tres fases sucesivas:

1. **Conexión con la reacción emocional.** Cuando algo cuesta más de lo que consideramos justo, la emoción que se apodera automáticamente de nuestro cuerpo es la rabia. Entonces se nos altera el pulso y sentimos tensión, ganas de golpear, atacar, patear, morder, gritar o expresar nuestro

antagonismo de cualquier otro modo. Mediante la conducción correcta de nuestra atención enfocamos la pulsión física en nuestras entrañas y nos diferenciamos de ella. Como señala Claudio Naranjo en su obra *Entre meditación y psicoterapia:* «Hay una forma concentrada de atención que no se enfoca en objetos internos ni externos, una atención difusa que no se enfoca en absoluto, sino que, sin fijarse en nada, está omnidireccionalmente disponible mientras saborea su propia presencia». Si lo hacemos así, asumimos la autoridad, conservamos el control y, tras eso, el segundo paso nos será accesible.

2. Una vez reconocemos nuestras sensaciones, **nos hacemos conscientes de cuanto sentimos**. Esta conexión nos muestra que –hasta el momento en que «las emociones (= reacciones imperativas físicas) fragüen en sentimientos (= posiciones afectivas sostenidas)»– disponemos de un cierto margen de tiempo para ponderar y equilibrar nuestro humor. Siguiendo con el ejemplo de la máquina que se ha tragado nuestro dinero y no funciona, tras superar las ganas de patearla y gritar, podemos «conectar» con ello. Se trata de un reto, pues nos provoca; sin embargo, en lugar de alterarnos, enfocamos nuestra energía del buen humor y sentimos en lo más profundo de nuestro ser que, si la circunstancia es costosa y dura, nosotros lo somos más. Este vigor somático da un giro a nuestra respuesta, cambia nuestro ritmo y nos aporta una sensación de salud e integridad que nos refuerza positivamente. Esta energía corporal nos permite esquivar con inteligencia la humillante ofuscación a la que nuestra reacción inconsciente nos arrastraba.
3. La atención e intención correctas nos ayudan a cocinar nuestra emoción hasta elaborar sentimientos mejores, más equilibrados, sanos y agradables. Merece la pena que nos **esmeremos en esta interpretación correcta** ya que, por

ejemplo, quien razone lo acontecido como una prueba o reto sentirá el orgullo de afrontarlo, mientras que quien lo explique como una maldición del destino o una deslealtad, puede aborrecer la situación y sentirse fatal. Nuestra cocina interior o capacidad de elaborar sentimientos ingeniosamente marcará la diferencia.

¿Y qué si la rueda del destino gira?

SIN BUEN HUMOR	CON BUEN HUMOR
Nos ofuscamos o enajenamos.	Nos abrimos y atendemos nuestras emociones.
Nos cegamos, trastornamos y perturbamos.	Respondemos de forma nueva, distinta y creativa.
Nos repetimos un discurso; sermoneamos siempre lo mismo.	Interpretamos con inteligencia innovadora.

Reenfocar nuestras sensaciones para mejorar lo que vivimos en cada experiencia es emocionante, motivador e inteligente.

Ejercicio de acción 1. Cadereando

- **Realización.** De pie con los pies a la anchura de los hombros, doblamos una rodilla y dejamos que la cadera se balancee cayendo hacia el lado de la pierna flexionada. Expulsamos el aire cada vez que la cadera llega al final del péndulo lateral e inspiramos cuando pasa por la parte central.
- **Ventajas.** Nos sentiremos más alegres, incluso puede que eufóricos y entusiastas.

- **Objetivos.** Desbloqueamos el movimiento transversal de la base de la columna y la cadera lateralmente.
- **Advertencias.** Como mover el rabo para otros mamíferos, es una vivencia de alegría y jovialidad. Debemos realizar movimientos de cadera breves y acompasados, pues el efecto depende más de la soltura que de la amplitud del arco.
- **Signos de que la práctica es útil.** Desinhibición y sentimiento de optimismo, notamos los pies más unidos al suelo.

Ejercicio de acción 2. Zapateando

- **Realización.** De pie con los pies a la anchura de los hombros, alzamos una rodilla y dejamos que la cadera se balancee cayendo hacia el lado de la pierna apoyada. Expulsamos el aire cada vez que la cadera llega al final del péndulo lateral e inspiramos al pasar por la parte central.
- **Ventajas.** Nos sentiremos más afianzados e incluso puede que animados.
- **Objetivos.** Desbloqueamos el movimiento transversal de la base de la columna y la cadera lateralmente estimulando los músculos que nos afirman, dan empuje y facilitan la marcha.
- **Advertencias.** Es un ejercicio que nos aporta euforia y nos anima, pues nos recuerda al baile y a los movimientos de autoafirmación. El ritmo hará que el movimiento sea agradable, acompasado y expresivo.
- **Signos de que la práctica es útil.** Una vez realizado el ejercicio, nos sentimos más favorablemente predispuestos a la acción.

Ejercicio de acción 3. Hula hoop sin hula hoop

- **Realización.** Con las manos en la cintura, realizamos movimientos circulares con la cadera, diez en un sentido y diez en otro, acompasando cada uno con un ciclo de respiración.
- **Ventajas.** Liberamos la articulación de la cadera por completo, lo cual mejora nuestra marcha, nuestra postura y nuestro estado anímico.
- **Objetivos.** Abrir y usar más plenamente nuestra cintura.
- **Advertencias.** Empezamos con círculos pequeños y regulares, pues es más importante coordinar bien y trazar los movimientos con buen ritmo que querer abarcar demasiado de una sola vez.
- **Signos de que la práctica es útil.** El abdomen y las nalgas se tonifican, lo cual nos dota de una sensación más segura al marchar y de un paso más firme.

CAPÍTULO 18

Divirtámonos con las malas pasadas que nos juega la vida

(Uso del champú del buen humor para sanarnos)

> La felicidad es el dividendo de una vida bien invertida.
>
> DUNCAN STUART

Al fin y al cabo ¿y qué, si puede pasarnos de todo? A medida que aprendemos a reírnos en cierto modo de la realidad, desarrollamos un humor filosófico o existencial, es decir, desapasionado. Éste se basa en la más grande obviedad: no controlamos cuanto nos circunda, pero sí nuestra capacidad de ser ingeniosos al respecto.

Para ello desarrollamos un humor integral, dedicado a fomentar nuestro equilibrio ante la ambigüedad que supone formar parte del universo. Su uso, al mejorar y amainar los altibajos de nuestro ánimo, nos aporta salud a todos los niveles. Gracias a la puesta en práctica de esta fórmula sanamos nuestra mente y nuestro cuerpo.

¿Y si dedicamos unos instantes al buen humor?

La vida es un placer.
La muerte es paz.
Lo molesto es el intermedio.

ISAAC ASIMOV

En uno de mis primeros viajes a América, una mujer de habla hispana junto con la que había asistido a una conferencia se dirigió a mí para presentarse:

–Me llamo Jane y soy de Los Ángeles –dijo sonriente–, y soy pastora.

Dado que en mis treinta años en el sur de Europa jamás había tenido ocasión de conocer a nadie dedicado a esa profesión me quedé atónita: era incapaz de imaginar que en Los Ángeles hubiera rebaños, y menos pastores. Instantes más tarde la mujer concretó:

– Pero mi hijo se quedó a cargo de la iglesia durante este mes.

En ese momento respiré aliviada, agradeciendo no haberle preguntado, sin antes aguardar unos instantes, qué animales pastoreaba.

Si enfocamos las cosas desde un marco distinto, nos damos cuenta de que todo puede ser entendido desde otra realidad. Nuestra percepción de la circunstancia puede dar un vuelco mental y sentimental en función de un dato nuevo. Por ejemplo, se dice que en un avión a punto de estrellarse apenas hay ateos.

Aunque sobre el papel parezca fácil, la vida nos enfrenta constantemente a retos que ponen a prueba el flujo de nuestro humor. Por tanto, debemos estar entrenados para cuando tales ocasiones se nos presenten. Las estrategias que trazamos servirán si y sólo si las tenemos asumidas y trabajadas.

Para la mejora del flujo de nuestro humor es indispensable que hayamos creado un foco o núcleo estable en nuestro interior, un chorro luminoso que afianza nuestro ser cuando lo observamos con serenidad a través de cualquier pensamiento, sensación, sentimiento o idea. Cada vez que lo enfoquemos, desarrollaremos la firmeza de este canal de energía.

- **Enclave del buen humor.** Es básico que detectemos dónde sentimos y cómo va nuestro buen humor. Una vez hayamos localizado ese enclave, nos será fácil fomentarlo. La razón de que muchas personas jamás logren disfrutar de buen humor es que no tienen claro qué es lo que quieren conseguir: si la meta no es precisa, la realización es improbable.
- **Atomización del objetivo.** Si un tema se resiste al humor, lo permeabilizaremos gradualmente. Para ello nos bastará imaginarlo como si fuera un objeto, dejando así que nuestra intuición lo trate (mueva, disfrace, tiña, deforme, adorne, desnude, redimensione, etc.) hasta imbuirlo de comicidad.
- **Operativización.** El humor trata de energía y se beneficia de las preguntas siguientes: ¿Podría hacerlo mejor? ¿Podría hacerlo más rápido? ¿Hay algo que aumente mi eficacia? Si en el fondo sabemos que algún día nos reiremos de todo esto, ¿por qué no empezar ahora?

¿Damos importancia al humor?

SIN BUEN HUMOR	CON BUEN HUMOR
Creemos que el buen humor es algo vago.	Sentimos el buen humor como un flujo interior.
Si algo no nos parece gracioso de entrada, olvidamos el humor al respecto adustamente.	Si algo nos pone de mal humor, nos imaginamos qué lo convertiría en algo gracioso.
Si algo nos hace gracia nos parece concreto y corto, con lo cual lo olvidamos o va a menos.	Si algo nos hace gracia le damos foco y vueltas hasta ampliarlo y extenderlo, haciendo que vaya a más.

Para usar el buen humor en circunstancias especiales requerimos entrenarnos con antelación. Si creamos el hábito, nuestros esfuerzos germinan poco a poco. Cuando aparezcan las ocasiones cruciales, el entrenamiento será decisivo para el triunfo de nuestro buen humor.

Ejercicio. Practica tu risa profunda: busca un entorno íntimo en el que puedas relajarte y túmbate cómodamente. Pon las manos sobre las costillas y asegúrate de que realizas una respiración tan completa como la de un bebé, ensanchando y elevando la caja torácica cada vez que inspiras. A continuación, frunce los labios como si fueras ir a silbar, levanta las cejas tres veces y sonríe intentando achinar los ojos. Empieza a reír pronunciando «ja, ja» con contundencia. Observa cómo tu risa se desbloquea y se convierte en un ejercicio profundo y completo. Pronuncia una sílaba distinta y observa los cambios en tu risa mediante el movimiento de tus manos sobre las costillas.

¿A qué más estamos obligados cuando hacemos lo que podemos?

> El niño ríe por alegría; es el primer escalón.
> El humorismo ríe con tristeza; es el último escalón.
> Aurora y crepúsculo.
>
> Pío Baroja

Cierto profesor de filosofía afirmaba: «Los accidentes no existen. Si a una persona la atropella un camión y la mata, era un hecho absolutamente necesario. El accidente sería que la persona se levantara tras el atropello, se sacudiera el traje y comenzara a andar». Aunque nos quejemos de las desgracias y de que los gordos anden siempre por en medio del pasillo... lo cierto es que los desastres ocurren porque tenían que ocurrir. El arte de vivir con buen humor es más una actitud que una aptitud o un algo concreto. Algunas desgracias sencillamente suceden, con lo que la única opción que tenemos es tomárnoslas del mejor modo posible.

Si desconocemos el funcionamiento de una cosa o una persona, es fácil que tomemos lo que nos desagrada de ella como algo personal, que no lo aceptemos. Por el contrario, si aprendemos el mecanismo de funcionamiento de las cosas –o al menos lo aceptamos– decidiremos con mayor acierto. Nuestra comprensión se entorpece cuando intervienen seres humanos. Basta con ver que, sin importar lo irracional o ilógica que sea una idea o costumbre, siempre hay personas dispuestas a difundirla y seguirla.

A medida que las personas crecemos aprendemos a «conseguir» cosas, y eso va en detrimento de la fe en que tenemos el don natural de «recibirlas» con gracia infantil. El proceso de recuperar dicha gracia y desinflar la propia importancia se relaciona con el hecho de avivar nuestro buen humor, y con ella vivimos las circunstancias como una «calidad del cómo» en lugar de como una «cantidad del qué».

En su obra *El cuerpo recobrado,* Michael Gelb nos explica:

> El problema reside en que los resultados inmediatos se logran a menudo a costa de sacrificar el equilibrio, y este sacrificio con el tiempo se cobra su precio. He aprendido a prestar más atención al cómo de las cosas y a considerar mi propio equilibrio como un aspecto fundamental de mi actitud ante el aprendizaje.

«Qué nos pasa» y «qué hacer» están a menudo fuera de nuestro control. En cambio, el «cómo» y el ritmo son algo que controlamos y que convierten casi cualquier cosa en grata; una vez los hemos sincronizado, fluimos y recuperamos nuestra gracia original. Entonces, nos cuesta soltarnos.

Las personas, los seres vivos y todo tipo de cosas funcionan bien en equilibrio, armonía y compensación; por el contrario, se deterioran o tornan incómodas cuando se desequilibran, lo cual sirve para:

- Enseñarnos una y otra vez que la espera es la madre del desespero; por ejemplo, esperar sentido común permanente en otra persona supone carecer de él.
- Somos sólo responsables de una parte de nuestras relaciones, y a veces la otra parte implicada deshace todos nuestros intentos de cuidarlas. En esos casos, en ocasiones, sin importar el empeño que pongamos, las relaciones llegan a deteriorase hasta un punto de no retorno: no se trata de «conseguirlas», sino de solamente «lograr ser feliz».
- Obligarnos a llamar a los sentimientos implícitos y a las consecuencias de la relación por su nombre, lo cual, al ver

qué debemos mejorar en nuestro carácter, nos hace más fuertes y sabios.

¿Qué hacemos tras haber hecho lo posible?

SIN BUEN HUMOR	CON BUEN HUMOR
Nos centramos solamente en qué hacer y qué no hacer.	Nos centramos en cómo nos tomamos las cosas.
Esperamos que la solución nos llegue del exterior.	Interpretamos y nos conducimos del modo más gracioso posible.
Divagamos con los detalles, desconociendo lo primordial.	Ponemos el foco en lo esencial y –al menos para nuestros adentros– llamamos a las cosas por su nombre.

Si en conciencia sabemos que hemos actuado siempre «lo mejor que hemos podido», aceptaremos de buen grado que «pase lo que pasa», pues dadas ciertas circunstancias, era lo que tenía que pasar.

Ejercicio. Piensa en gestos que crees que pueden resultar beneficiosos para alguien que atraviesa una crisis de relación. Haz una lista, la cual te servirá para ver las crisis desde distintos ángulos y como ocasiones de crecimiento.

Por la senda del humor hacia la trascendencia

> Bienaventurado quien no espera nada
> pues no se verá decepcionado.
>
> Jonathan Swift

Muchas veces, lo que perdemos es algo tan etéreo como la atención de los demás. Hace años participé en un curso para aprender la técnica del masaje tailandés, un estilo que se practica descalzo y vestido. El masajista presiona, con la palma de las manos y la planta de los pies, los diversos grupos musculares y distiende las articulaciones del receptor. Interesada en poner en práctica mis conocimientos, expliqué a varios vecinos que había aprendido a dar unos masajes consistentes en caminatas palmares y podales. Finalmente, una de mis vecinas se prestó –sin demasiado interés– a recibir un pase. Una vez tumbada de espaldas en el suelo sobre la manta que había dispuesto para la ocasión y realizados todos los preparativos, inicié el pase sobre el dorso de sus pies con suma concentración. Entonces, la vecina me espetó de repente: «¡Cuidado, me estás pisando!».

A pesar de no haber escuchado ni entendido absolutamente nada, mi vecina era –de largo y en varios kilómetros a la redonda– la persona que había dado más muestras de atender a mis explicaciones con atención. Nuestras vidas abundan en cómicos ejemplos acerca de lo poco que escuchamos.

Aunque sea muy obvio en otros, suele costarnos ver lo difícil que es hacerse entender. Por eso, ante las constantes decepciones que nos causa la comunicación con los demás es útil reflexionar sobre lo siguiente:

- **¿Mido las diferencias?** Gran parte de la sensación de vacío procede del hecho de habernos olvidado de nosotros mismos: a medida que desarrollamos la sensación de presencia en nuestro interior y la conciencia de nuestro cuerpo y nuestra mente aquí y ahora, nos desapegamos del dolor que ocasiona la pérdida.
- **¿Pondero?** La gravedad de una pérdida tiene siempre la importancia que nosotros mismos le concedemos.
- **¿Me desapego?** Si la pérdida es definitiva más nos vale recordar que, cuando llueve, lo mejor que podemos hacer es dejar que llueva y acariciar el recuerdo, pues con los recuerdos construimos el poema de nuestra vida.

¿Y qué si todo tiene su cara y su cruz?

SIN BUEN HUMOR	CON BUEN HUMOR
Maldecimos nuestra suerte y nos preguntamos: ¿por qué a mí?	Aceptamos nuestra suerte, pues el hecho de no aceptarla no la cambiará.
Comparamos nuestra suerte con la de otros y les juzgamos.	Agradecemos lo que la vida nos da, y somos compasivos con los demás.
Tememos o anhelamos la muerte como algo contra lo cual nos rebelamos.	Entendemos la muerte como el plazo en el que hemos de devolver algo que nos fue prestado.

Quizá las penalidades sean una ayuda. ¿Y si perder las cosas fuera una forma que dispone la existencia para que nos desapeguemos de lo innecesario y aflore nuestro ser esencial?

Ejercicio de acción 1. Estirado

- **Realización.** Extendemos los brazos, los apoyamos en una barra o el alféizar de una ventana, nos inclinamos hasta formar un ángulo de 90° y flexionamos las rodillas; a continuación, nos ponemos de puntillas sintiendo cómo se arquea nuestra espalda, mientras contraemos abdomen y musculatura pubococcígea. Volvemos a la posición inicial estirando e inspirando.
- **Ventajas.** Distendemos las articulaciones la columna vertebral, despertando el canal del buen humor para que sea más transitable.
- **Objetivos.** Soltar la columna y prevenir soldaduras.
- **Advertencias.** El ejercicio debe sentirse como si construyéramos una cuchara en nuestro abdomen para luego aplanar la espalda y estirarla junto con las piernas al inspirar, tensando así las caderas y los glúteos.
- **Signos de que la práctica es útil.** La cadera se sitúa correctamente en su centro mecánico, lo cual supone una mejora en todos los niveles de la columna. Nos sentimos más altos y ligeros. La vibración de nuestra voz aumenta.

Ejercicio de acción 2. Universo

- **Realización.** De pie con las manos a los lados, flexionamos las rodillas y extendemos los brazos en cruz; a continuación, nos ponemos de puntillas mientras permanecemos con las rodillas flexionadas y luego alzamos los brazos al tiempo que inspiramos profundamente y enderezamos las piernas.

- **Ventajas.** Saludo de buena onda al universo que nos facilita la apertura a los demás y al ahora.
- **Objetivos.** Agradecer nuestra vida y ceder a ella como si fuéramos un inmenso lago o mar de buenos sentimientos.
- **Advertencias.** Si la coordinación te cuesta al principio, practica el ejercicio con los pies: flexiona cuando espiras y ponte de puntillas cuando inspiras. Cuando domines esta parte, suma el movimiento de los brazos.
- **Signos de que la práctica es útil.** Sensación ampliada de grandeza, calma, plenitud, realización y salud.

EPÍLOGO

> Hay dos cosas que deben aprenderse con la experiencia:
> la primera, que hay mucho que corregir;
> la segunda, que no hay que corregir demasiado.
>
> Eugène Delacroix

Cuentan que un gurú, harto de las quejas de su discípulo, lo envió a por sal.

–Echa un puñado de sal en este vaso y luego bébelo –le ordenó–. ¿Cómo te sabe?

–Horrible –respondió el discípulo.

–Ahora toma otro puñado de sal, échalo al lago y bebe. ¿Qué te parece?

El alumno cumplió sus instrucciones y contestó:

– Fresca.

A lo que el gurú sentenció:

– Las penalidades son como la sal: hay una dosis en la vida. Lo que las hace llevaderas es el contenedor en el que las echas. Sé un lago.

Para convertirnos en un lago, debemos dejar de identificarnos o confundirnos con nuestra mente y nuestro cuerpo y sentirnos como el flujo de energía del buen humor que avivamos en lo más profundo de nuestro ser, de nuestra alma. Gracias a este proceso paulatino de rendimiento sentimos que, fundiéndonos, pasamos de ser un vaso a ser un lago. Cuanto más se funde nuestro contenedor en el siguiente, más nos aliamos con el universo. Lo que se desvanece es nuestro ego; eso en lo cual nos fundimos o mezclamos, lo más grande que hay: la verdadera paz, una reconciliación que se carga y alimenta mediante cuatro sencillas pautas:

1. **Interrupción de la tendencia a reaccionar.** El control emocional nos ayuda a contener ciertos impulsos que en nada ayudarían a facilitar el buen humor. Podemos y debemos expresar sentimientos, pero en forma y lugar que no provoque un sufrimiento innecesario en nosotros ni en nadie. La observación de nuestro estado afectivo interior es en sí moderadora, benéfica y divertida.
2. **Paciencia.** Consideremos que nuestro nivel anímico no funciona como el encendido y el apagado de un ventilador, sino más bien como un termostato: primero apuntamos el nivel que deseamos –dando la señal a nuestro «mando a distancia»– y luego esperamos hasta que, poco a poco, logramos el «ambiente deseado». Lo importante es saber que, aunque sintamos que nuestro estado es «mejorable», actuamos del mejor modo posible. Así, aunque estemos todavía sofocados, nuestra energía de buen humor pronto mejorará cualquier «infierno», aportándole más y más gracia.
3. **Comprensión.** Gracias a la conexión con nuestro canal interior del buen humor, cualquier circunstancia nos permite recargar su energía para mejorar. Si hacerlo nos parece difícil o duro, observemos la circunstancia que nos hace sufrir «a vista de pájaro» para abarcarla mejor. Por dura que sea una situación, veremos que casi nunca es desesperada, sino que somos nosotros quienes nos desesperamos.

4. **Progresión.** El tiempo transcurre en una sola dirección: hacia el futuro. Por tanto, lo mejor es dejar de mirar atrás y de lloriquear por lo que ya tuvo su tiempo. Desde nuestra energía interior, en cada momento comenzamos unas cosas y acabamos otras, y adquirimos nuevos compromisos dirigidos a objetivos que en lo posible dependan de nosotros. Si hacemos lo que la energía del buen humor nos dicta, aunque no veamos todavía los resultados, lo bueno está por llegar.

Si dominamos la primera reacción emocional, si encauzamos nuestros sentimientos y miramos más allá, seremos dueños de nuestro humor y –por ello– de nuestra vida.

Ejercicio. Dedica un tiempo prefijado (entre 5 minutos y una hora; no olvides programar una alarma que te alerte del fin del ejercicio) a dejar resplandecer tu energía del buen humor desde la médula de tus huesos; actúa con felicidad y máximo realismo. Respira como si ya estuvieras eufórico, muévete y camina como si no pudieras contener la alegría, escucha música, canta, sonríe, vístete y péinate de forma divertida, agradece... y haz todo cuanto crees que harías si te invadiera un enorme gozo. Luego sonríe y, si puedes, ríete a carcajadas hasta que suene la alarma. Es muy importante que te detengas en cuanto suene la alarma, puesto que si no apartas voluntariamente la atención de este ejercicio, su efecto se disipará. En cuanto suene la alarma, apunta la respuesta a esta pregunta: ¿Qué tengo yo que ver con mi buen humor?

APÉNDICE
Ubicando dónde nos lleva el humor

La brevedad es el alma del ingenio.

William Shakespeare

Dado que, en la práctica, el humor se siente en nuestro cuerpo, es primordial que prestemos atención a las sensaciones físicas que lo acompañan. ¿Cómo y dónde percibimos el buen humor? Esta sencilla pregunta hará que se revele ya algo nuevo a nuestra conciencia.

El objetivo es que nos relajemos y soltemos, abandonando toda tensión y volviéndonos como peces o bebés que aún no emplean los brazos; blandos por fuera, pero vitales y consistentes en lo más hondo; adaptables, resistentes e invencibles. Entonces nos rendimos y abrimos, liberándonos de nuestra coraza o ego, y nos fundimos como en un lago en el mar del universo.

Recordemos cualquier momento en el que reímos o sonreímos espontáneamente. Emplacemos el transcurso de la fuerza humorística en una de estas tres áreas de influencia: el plexo (detrás del estómago), el pericardio (la zona del corazón) o el cuello (la zona de la garganta). Si bien algunas situaciones estimulan nuestro humor en más de uno de estos tres puntos a la vez, según dónde notemos el fluir o la vibración del cauce revelamos un nivel de humor distinto:

- **Humor bajo o denso.** Nivel somático, cuando la energía se emplaza en el plexo o más abajo; buen humor visceral.
- **Humor medio o sutil.** Nivel simpático, cuando la fuerza radica en el pericardio; buen humor emocional.
- **Humor alto o causal.** Nivel ingenio, cuando el vigor puja en la zona del cuello o más arriba debido a una comprensión simbólica, abstracta o verbal; buen humor mental.

Si cuando algo nos parece gracioso, risible, sorprendente, cómico, divertido o ingenioso... nos fijamos en qué puntos notamos el humor, veremos que el transcurso de nuestra «potencia humorística» puede encontrarse en una sola de las zonas o en varias a la vez.

Para habituarnos a localizar el emplazamiento de la sensación de que algo es humorístico, enfocaremos nuestras entrañas. El cuerpo nos revela sus propiocepciones, es decir, las percepciones de su interior, como la agitación. El mapa de la exploración es clave para que revelemos la naturaleza del humor, pues nos permite advertir los cambios que se producen en nosotros: qué lo expande, cala o revigoriza. Si cuando algo nos parece gracioso ubicamos la zona en que lo sentimos, vamos llenándonos de sensaciones gratas y conscientes. Esta autoexploración da lugar a ocho disposiciones posibles en función de cuáles sean los niveles del humor que estén conectados en esa circunstancia.

Cada concepto cómico estimula el humor en ciertos puntos de nuestro cuerpo. Es un reto trascendente notarlo, ya que nos obliga a ser testimonio de nuestra experiencia. Lo habremos conseguido si podemos dibujar el posicionamiento correspondiente.

Para integrar la energía del humor y hacerla nuestra cuando algo nos parece gracioso, deberemos notar la repercusión en nuestro cuerpo.

Cuando vivimos una situación que entendemos como sorprendente, simpática, recreativa o graciosa, la energía del humor adquiere fuerza. ¿Y cómo sucede exactamente? Se trata de una acción física consistente e imperativa, una explosión de potencia; al igual que en cualquier otro caudal en movimiento, cuanta más fuerza apliquemos a contenerlo, más fuerza acumula.

A continuación, analizaremos y ejemplificaremos cada uno de los tres niveles citados para facilitar su localización. A medida que el humor asciende en nosotros, atraviesa tres planos (físico, emocional y mental) hasta impregnar y llenar de resplandor la plenitud de nuestra naturaleza.

Buen humor bajo (vital y físico del plexo)

Es el trayecto más básico que nos hace sonreír, sin sentir ni pensar, cuando vemos algo increíble. Se localiza en el plexo solar y nos hace sentir conectados con el instinto de supervivencia, más vivos.

Prácticamente todos nos hemos sorprendido a nosotros mismos sonriendo o riendo alguna vez ante una simple sorpresa física (por ejemplo, en una atracción en la que de pronto nos vuelven boca abajo o ante el espectáculo de unos patinadores que logran ejecutar piruetas impensables). La sonrisa que aflora entonces resulta directamente provocada por la sorpresa. Está relacionada con la mueca que se dibuja en los rostros de los simios ante el asombro, la admiración, el estupor... o los pequeños sustos: contraen los músculos faciales que alargan la boca, mostrando los dientes y achinando los ojos; también es la risa del bebé de meses cuando escondemos el rostro tras una servilleta para después apartarla y sorprenderlos. Es la reacción de nuestro cuerpo a las idas y venidas de un estímulo significativo y sorprendente, como si la atención se deslizara por un tobogán. Sentimos que algo se nos eleva en las tripas y que una sensación tierna e intrépida nos aboca a una caída agradable, carente de peligro pero altamente impactante: como un chapuzón en una piscina.

Este humor-sorpresa nos hace reír ante un cómico que se cae una y otra vez para volver a levantarse como si nada, o un número de circo en el que seguimos las maniobras de un saltimbanqui que realiza un gesto insospechado. Un ejemplo clásico de este estilo de humor lo tenemos en el genial productor y actor cómico Buster Keaton; sus míticas escenas entrañan situaciones visuales absolutamente disparatadas e imprevisibles, que despiertan en nosotros una risa sencilla, espontánea y primitiva.

Esta primera faceta del humor es básica y natural, instintiva, interior y voluptuosa. La vivimos siempre que nos dejamos sorprender, sintiéndonos a la vez seguros e impresionados por una escena lúdica, ante un estímulo cuya sensación cosquillea en nuestra «inteligencia corporal» o inconsciente. De pronto, sucede algo que nos sorprende tanto que nos deja atónitos, boquiabiertos y sonrientes, con una sensación física de suspensión. Una pregunta somática nos embarga y, mientras la respuesta física tarda una fracción de segundo en llegar, nuestro plexo solar vibra ya con fuerza y poder: ríe, sin más.

El cuerpo reacciona de modo inconsciente y nos sorprendemos riendo. En este primer nivel el humor es puro asombro y corporalidad, sin razón ni sentimiento: reímos de una vivencia chocante e imprevisible. Ésa es la causa de que no nos riamos cuando nos hacemos cosquillas pero sí cuando otros nos las hacen, pues cuando son otros quienes actúan nos sorprenden desprevenidos.

El mundo está lleno de seres a los que nuestro enfoque humorístico cogería de imprevisto. Puesto que la realidad supera la ficción, nos surte de continuo de circunstancias inusitadamente pasmosas; por tanto, estamos capacitados y disponemos de material: no tenemos más que tomarnos en serio la cuestión de bromear. Adoptemos la actitud de un explorador siempre curioso, cauteloso y atento. Muchas situaciones anodinas son sensacionales y asombrosos lances para atrapar, pasmar y turbar... ¿Y qué decir de las caóticas?

Buen humor medio (emocional del pericardio)

El buen humor medio está ligado al sentimiento y nos conmueve –a veces hasta que la risa nos desborda– sin haber pensado absolutamente nada, en virtud de un mero resorte emocional o sentimental, por empatía. Se siente en el pericardio –la zona del corazón–, va unido a los afectos y está vinculado con la conciencia sentimental.

El buen humor medio explica nuestras carcajadas cuando alguien imita con acierto a una persona o arquetipo reconocible, o nuestra sonrisa cuando entendemos el sentimiento que un rostro expresa sin mediar pensamiento alguno: se basa en la profunda sensación de entendimiento que nos inunda. Este humor tiene como epicentro una comprensión afectiva que provoca un giro súbito en nuestro afecto, desvelándonos algo que nuestro corazón entiende como cómico.

Este tipo de situaciones humorísticas resulta difícil de explicar verbalmente, ya que se refieren al contraste entre «lo sentido antes» y «lo sentido después» de la compresión emocional; de pronto «vimos», sin palabras, algo que lo cambió todo. El buen humor medio se basa en la comprensión del corazón. Casi todos los grandes cómicos incorporan en algún momento este tipo de humor; incluso los que muestran una expresión hierática y –en apariencia– exenta de sentimientos saben cómo, en un momento dado, ganarse nuestra complicidad bien sea por un gesto inocuo, una actitud exageradamente ponderada o una tolerancia estoica de las contrariedades (por ejemplo, Jerry Lewis).

La sensación de reír por algo así es empática, tierna y entrañable, es la que hace que los chistes contados por ciertas personas nos provoquen mucha más hilaridad. El sentimiento descubierto nos somete a una vibración nueva que potencia nuestro ánimo y nos enternece con un «sentir cómo»: es una frecuencia afectuosa y altamente emotiva y relacional (como cuando sin mediar lógica alguna captamos «la vana vanidad», «la ingenua envidia» o «la pretendida seducción»... y toda suerte de obviedades sentimentales que despiertan nuestra inteligencia cardíaca o emocional).

Los giros sentimentales nos despiertan a un «sentir cómo», cual una elevación de la conciencia sentimental que nos embarga al recordarnos que compartimos un potencial de afectos ocultos. Entonces, el canal de energía se hace presente en nuestro interior y activa la zona del corazón, que se regocija en una nueva vibración sentimental: la del amor, la comprensión, el perdón y la confianza.

El buen humor medio –como sentimiento que utiliza la emoción– implica que seamos respetuosos con las emociones que abrigamos, pues a este nivel el humor es una competencia del corazón; si gozamos de cierta honesta autoestima e interés por los sentimientos propios y ajenos, lo estimulamos. Si disfrutamos, seguramente estamos haciéndolo bien. La energía de nuestro buen humor depende sólo de nosotros mismos, y los demás se limitarán a seguir más o menos nuestra pauta. Si les tratamos como si fueran capaces de «percatarse» o pensar humorísticamente, descubrimos cuántas cosas «captan» sin necesidad de que se las expliquemos e incluso cómo algunos de ellos realizan parte del trabajo con acierto, facilitando las bromas y tirando de ellas.

Como en cualquier otra habilidad, la confianza en que disponemos de buen humor mejora nuestra eficiencia, una actitud energética y jocosa que mejora nuestra comicidad. Además, los demás se contagian rápidamente de nuestra fuerza humorística, como prueba el hecho de que reímos más ante una escena con risas enlatadas que ante la misma escena sin ellas, pues nos parece automáticamente más gracioso si vemos que trata de algo risible para otros.

Los sentimientos se contagian; el buen humor, también. El buen humor tiñe de un tono afectivo nuestro ser y el de quienes nos rodean. La energía oculta de nuestro buen humor nos trasciende y resulta irrefrenable, desbloqueándonos sentimentalmente. ¿Quién no ha sentido que su simpatía hacia alguien ganaba enteros al compartir unas carcajadas?

Ejercicio. Recuerda o vuelve a ver una película cómica y siente de modo consciente todas las veces en que tu risa no se deba a algo fácil de explicar con palabras, pues se basa en una comprensión de sentimientos implícitos difícil de describir con ideas o argumentos.

Buen humor como inteligencia (cognitivo o mental)

Se trata de un humor basado en la síntesis, la abstracción, la deliberación y la búsqueda de la verdad, un humor argumental que nos demuestra que podemos pensar de distintas maneras y que, en base a lo que elijamos como discurso, podremos reírnos más o menos. Para practicar el buen humor cognitivo o mental hemos de emplear la capacidad de razonar y enfocar la inteligencia en la reinterpretación o el razonamiento creativos, algo que sólo está al alcance de personas listas y que servirá sólo a otras que posean un bagaje cognitivo paralelo. (Si, por ejemplo, contamos un chiste sobre las diferencias regionales de un país a alguien que lo desconoce... es prácticamente imposible que se ría.)

En este humor inteligente, alguien ha pensado antes que nosotros y ha planeado sus ideas para abrigar gratamente las nuestras: nos ha encarrilado en una vía lógica para dejarnos avanzar hasta tomar cierta velocidad, y luego hacernos ver que las cosas no son sólo de esa manera, sino que permiten más de una lectura, más de una posible interpretación según nuestras razones e ideas previas, y desconocerlo es una enorme absurdidad. Aquí lo cómico radica en un pensamiento implícito ingenioso, en una comprensión ocurrente o sutil. Es el que usan los humoristas verbales, profundos o pseudofilosóficos –Dorothy Parker o Woody Allen–, que hacen ir y venir premeditadamente nuestro pensamiento. Se siente en la base del cuello como unas ganas de carcajear, expresar o contestar algo.

Esta visión de la diferencia entre distintas versiones de la realidad crea en nuestra mente una enorme diversión: «Soy capaz de ver las cosas de más de una forma y, mientras sea capaz de hacerlo, controlo mentalmente la situación; mi mente vibra con libertad».

El humor de nuestra inteligencia juega por el placer de hacerlo, sin más; se desliza, sorprende, devanea y se abandona. En otra longitud de vibraciones, más allá de lo fenomenológico, para regalarnos clarividencia o inspiración.

Si analizamos este nivel alto y verbal del humor como pensamiento que utiliza el ingenio, deducimos que el humor es también una filosofía de vida, un modo de entender la realidad. Cuanto más construimos la idea de nuestro humor, más agudos y listos nos encontramos, y generamos más entendimiento y afinidad por compañías, noticias, obras, situaciones, ejemplos y ejercicios jocosos, entrando en una dinámica constructiva y, sobre todo, muy grata.

El humor sirve para distanciarnos de cuanto dista de ser correcto y nos ayuda a percibirlo e interpretarlo de modo más sensato, aportándonos una perspectiva que nos permite relativizar, contextualizar y reflexionar. ¿Quién de nosotros no ha acabado por juzgar –con el paso del tiempo– una situación como absolutamente cómica debido a lo absolutamente desesperante que entonces era?

Así, si bien el buen humor del que gozaremos dentro de diez minutos depende en parte de lo que ocurra y en parte de lo que sintamos al respecto, el que tengamos dentro de diez meses dependerá de lo que decidamos hacer a partir de ahora. Pero ¿cómo aplicarnos con responsabilidad, constancia y paciencia en este intento? En primer lugar, entendiendo cómo facilitamos el humor en cada uno de sus tres niveles. ¡Manos a la obra con nuestro intento!

Ejercicio. Recuerda al mundialmente famoso personaje de Mr. Bean y piensa: ¿dónde notas la gracia cuando abre el candado de su coche para poder conducir? ¿Dónde, cuando guarda su osito de trapo en la maleta para irse de viaje? ¿Dónde, cuando come langostinos sin pelar en un lujoso restaurante? Piensa en una cuestión que te preocupa y... usa las tres patas del humor: sorpresa, simpatía e inteligencia.

Bibliografía

BANDLER, Richard y GRINDER, John, *La estructura de la magia*, Cuatro Vientos, 1980.

BETTELHEIM, Bruno, *El corazón bien informado*, México, Fondo de cultura económica, 1960, 1973.

BERNE, Eric, *¿Qué dice usted después de decir «hola»?*, Barcelona, Grijalbo Mondadori, 1999.

BOLDT, Laurence G., *Zen and the Art of Making a Living*, Nueva York, Penguin Putnam, 1999.

BOLLES, Richard N., *What color is your parachute?*, Nueva York, Ten Speed Press, 2012, edición revisada

CALAIS-GERMAIN, Blandine y LAMOTTE, André, *Anatomía para el movimiento*, Barcelona, La Liebre de Marzo, 2002.

CASTANEDA, Carlos, *El lado activo del infinito*, Barcelona, Punto de lectura, 1999.

CHOPRA, Deepak, *Las siete leyes espirituales del éxito*, Madrid, Edaf, 1996.

DE BONO, Edward, *La revolución positiva*, Barcelona, Paidós, 2011.

DETHLEFSEN, Thorwald y DAHLKE, Rüdiger, *La enfermedad como camino*, Barcelona, Random House Mondadori, 2009.

DHIRAVAMSA, Vichitr Ratna, *Meditación Vipassana y Eneagrama*, Barcelona, La liebre de Marzo, 2000.

ELLIS, Albert, *Feeling better, Getting better, Staying better*, California, Impact Publishers, 2001.

–, *Overcoming resistance*, Nueva York, Springer Publisher, 2002
–, *Razón y emoción en psicoterapia*, Bilbao, Desclée de Brouwer, 2012.
FRANKL, Viktor E., *La psicoterapia al alcance de todos*, Barcelona, Herder, 1995.
FREEDMAN, Rita, *Amar nuestro cuerpo*, Barcelona, Paidós, 1991.
FREUD, Sigmund, *El chiste y su relación con lo inconsciente*, Madrid, Alianza Editorial, 2010.
GELB, Michael, *El cuerpo recobrado*, Barcelona, Urano, 1987.
HENDRICKS Gay, *En diez segundos tu vida puede cambiar*, Barcelona, Urano, 2000.
HODGIN, Michael, *Humorous Illustrations for Public Speaking*, Michigan, Zondervan, 1992.
HOLDEN, Robert, *La risa, la mejor medicina*, Barcelona, Oniro, 2009.
JUNG, Carl, G., *El hombre y sus símbolos*, Barcelona, Caralt Editores, 2002.
KLEIN, Allen, *¿Y tú de qué te ríes?*, Barcelona, Ediciones B, 1991.
KRAUSE, Donald G., *El camino del líder*, Madrid, Edaf, 1998.
KRISHNAMURTI, Jiddu, *La libertad interior*, Barcelona, Kairós, 2011.
LAURENCE, Peter J., *El principio de Peter*, Barcelona, Plaza y Janés, 1999.
LE DOUX, Joseph, *El cerebro emocional*, Barcelona, Planeta, 2000.
LOWEN, Alexander, *La espiritualidad del cuerpo*, Barcelona, Paidós, 2010.
MÁGIC ANDREU, *La magia que tú puedes hacer*, Barcelona, Martínez Roca, 1998.
MASLOW, Abraham, *La personalidad creadora*, Barcelona, Kairós, 2011.
MCKEE, Robert, *El guión: sustancia, estructura, estilo y principios de la escritura de guiones*, Barcelona, Alba, 2004.

MILLER, Timothy, *Cómo amar lo que tienes*, Madrid, Edaf, 1996.
MOORE, Thomas, *El cuidado del alma*, Barcelona, Urano, 1998.
NARANJO, Claudio, *Entre meditación y psicoterapia*, Barcelona, Ediciones La Llave, 2012.
PEISNER, Paula, *Encuentra tiempo para ti mismo*, Barcelona, Martínez Roca, 1997.
PLASENCIA, Juan José, *Champi: el masaje indio en la cabeza*, Barcelona, Océano, 2003.
ROJAS, Enrique, *Una teoría de la felicidad*, Madrid, Dossat, 2003.
STERNBERG, Robert J., *Inteligencia exitosa*, Barcelona, Paidós, 2002.
–, *Estilos de pensamiento*, Barcelona, Paidós, 2008.
SCHWARZ, Aljoscha A., y SCHWEPPE, Ronald P., *Bioenergética*, Barcelona, Robinbook, 1998.
TAGORE, Rabindranath, *La morada de la paz*, Barcelona, Oniro, 2009.
TROOP, Nick, y Seaton, Steven, *Manual del corredor*, Barcelona, Martínez Roca, 1998.
WATTS, Alan, *La vida como juego*, Barcelona, Kairós, 2011.
WATZLAWICK, Paul, *El arte de amargarse la vida*, Barcelona, Herder, 2000; Barcelona, Círculo de Lectores, 1990.
WEISBERG, Robert, W., *Creatividad*, Barcelona, Labor, 1989.

Diseño: Eva Mutter
Imagen de la sobrecubierta: Ashwin

Círculo de Lectores, S. A.
Travessera de Gràcia, 47-49, 08021 Barcelona
www.circulo.es
1 3 5 7 9 3 1 0 2 8 6 4 2

Licencia editorial para Círculo de Lectores
por cortesía de la autora.

Depósito legal: B.419-2013
Fotocomposición: Maria García, Barcelona
Impresión y encuadernación: RODESA (Rotativas de Estella, S. A.)
Navarra, 2013. Impreso en España
ISBN 978-84-672-5398-6
N.º 32128